●乡土语文活动教材

“余韵姚风”进课堂

主　编　朱红群
副主编　许国庆
编　委　龚永刚　李建月　刘　健
　　　　梅海江　王卓君　熊　敏
　　　　许国庆　张晓宏　朱红群

ZHEJIANG UNIVERSITY PRESS
浙江大学出版社

图书在版编目(CIP)数据

"余韵姚风"进课堂 / 朱红群主编. —杭州:浙江大学出版社,2015.3

ISBN 978-7-308-14411-7

Ⅰ.①余… Ⅱ.①朱… Ⅲ.①中学语文课—教学参考资料 Ⅳ.①G634.303

中国版本图书馆 CIP 数据核字(2015)第 032980 号

"余韵姚风"进课堂

朱红群 **主　编**

许国庆 **副主编**

责任编辑 石国华

封面设计 张俊斌

出版发行 浙江大学出版社

(杭州市天目山路 148 号 邮政编码 310007)

(网址:http://www.zjupress.com)

排　　版 杭州星云光电图文制作有限公司

印　　刷 嵊州市东方印刷有限公司

开　　本 710mm×1000mm 1/16

印　　张 7.25

字　　数 146 千

版 印 次 2015 年 3 月第 1 版 2015 年 3 月第 1 次印刷

书　　号 ISBN 978-7-308-14411-7

定　　价 22.00 元

地方特色系列教材编委会

前　言

《中职语文教学大纲》指出，语文课程的任务中包括“加强语文实践，培养语文的应用能力，为综合职业能力的形成，以及继续学习奠定基础；提高学生的思想道德修养和科学文化素养，弘扬民族优秀文化和吸收人类进步文化，为培养高素质劳动者服务”。《大纲》又要求“指导学生掌握基本的语文学习方法，养成自学和运用语文的良好习惯。引导学生重视语言的积累和感悟，接受优秀文化的熏陶，提高思想品德修养和审美情趣，形成良好的个性、健全的人格，促进职业生涯的发展”。故此，无论是课程的开发、教材的编写、教学的落实，还是活动的开展，都离不开“弘扬民族优秀文化和吸收人类进步文化”，离不开通过有效的教学途径对学生进行能力的培养 。而乡土文化进职高课堂，无疑可拓展中职语文的能力培养途径，增强语文的人文涵养功能。

余姚人杰地灵、人文荟萃，寻常百姓的“乡音俚语”中蕴藏着丰富且饶有趣味的人生和道德智慧，乡贤志士的诗文中闪耀着独特的文化及品格的光芒，四明大地上的风土人情中则有着优秀民俗文化的深厚积淀。从中提炼适合中职生学习的内容，形成具有特色的乡土教材内容，一定能让学生在乡情的熏染中乐意主动接受、参与到语文活动中来，获得知识的积累和精神的滋养。

本教材在内容、形式上均力图体现原创特色。内容上，改读文本为读家乡，从以往教学中仅仅关注文本，走向对文本内涵挖掘基础上的深层拓展，使得学生能具体地了解家乡，思考家乡，深层解读、认识家乡，并且逐步内化乡情；改空洞书写为书写家乡，引进乡情，渗透写作教学，能够使学生利用身边的乡土知识写作，充实写作内容，提升作文深度，强化学生乡情；改被动感知知识为主动体验家乡，在语文教学中运用乡土文化，改变传统课堂中学生被动接受文本间接经验的方式，从个体兴趣、爱好、需要出发，使之积极主动地观察、思考、体验生活。通过考察地方历史文化名人和名胜古迹，记录家乡特有的节日、习俗，及传统文化艺术等方式，充分表现出语文的“人文性”特点，实现语文与生活的紧密联系。形式上，凸显“活动教学”特点，通过识“乡音俚语”、习“先哲章句”、诵“竹枝词声”、品“文人诗歌”四个活动模块勾连成教材体例，各模块通过项目设置、任务引领、情境创设，形成科学有效、操作性强的活动教学体系，让学生在意趣盎然的乡土语文学习活动中习得语文知识，获得人文素养的提升。

本教材为语文选修课教材，由4个模块组成，每个模块下设5个项目，合计20个项目，共需32～40学时，安排在高一、高二两个学年内完成，每学期要求课内完成8～10学时，并适当安排课外拓展活动，有效落实教学目标。

每个项目由“活动目的”和“模块内容”构成。每个“项目活动”由“活动文本”、“活动目标”、“活动说明”、“活动流程”和“他山之石”等构成。

活动目的：明确通过项目活动应该达到的目标。对具体活动起引领作用。

模块内容：提出目标引领下的活动任务。

活动文本：提供学习活动的资料和学以致用的范本。

活动目标：指出活动的目的和可行性等。

活动说明：包括“活动主题”、“活动方式”、“活动用时”的说明。

活动流程：包括“活动准备”、“活动开展”、“活动拓展”等，是教材最核心的内容。

他山之石：属于活动开展所需要的知识链接。

此外，有些项目还穿插拓展训练加以巩固。

本教材的编写得到了宁波市职成教教研室、余姚市教育局、余姚市职业教育和成人教育研究室、余姚市各职校相关领导和教师的大力支持和配合，在此表示衷心感谢。

编　者

2014年8月

目　　录

模块一　识“乡音俚语”　初试歌谚承特色

【活动目的】

本模块所说“乡音俚语”特指余姚民间歌谣、谚语。余姚歌谣、谚语用上口、生动的语言形式表现生活化的内容，曾经在余姚境内广为流传。如何让今天的学生能兴味盎然地学习并能学以致用，是本模块的活动重点。故而，我们将通过活动情境的创设，活动过程的组织，让学生在情境中活动、学习、运用相关知识并进行一定的文化传承，以达到亲近之目的。

【模块内容】

项目一　识歌谣知节令
项目二　识歌谣得童趣
项目三　识歌谣明风物
项目四　学谚语识气象
项目五　学谚语正德操

项目一　识歌谣知节令

活动文本

岁时歌

（节令歌谣）

正月灯，二月鹞，三月清明看娇娇[①]，
四月做秧田，五月端午吃艾青饺[②]，
六月六，猫狗要汰浴，
七月七，姑嫂把巧乞，
八月中秋桂花糕，九月重阳酒香飘，
十月赶庙会，十一月祭祖先，
十二月杀猪舂糕[③]好过年。

十二月[④]花名歌

（节令歌谣）

正月茶花早逢春，
二月兰花盆里青，
三月桃花枝头闹，
四月蔷薇笑盈盈，
五月石榴红如火，
六月荷花结莲蓬，
七月凤仙像鸡冠，
八月桂花香喷喷，
九月菊花迎重阳，

十月芙蓉[⑤]小阳春，
十一月水仙花儿冷冰冰，
十二月梅花雪里飘清香。
——选自《余姚民间歌谣谚语》

【注释】

①娇娇：余姚方言，指年轻美丽的姑娘。旧时，妇女只有在清明踏春和上坟时才出门，给男人“看”的机会。

②艾青饺：用艾青、米粉包的饺子。

③春糕：指春年糕。春，余姚方言中读“sang”。

④十二月：指农历十二月。节令歌谣中的月、日都为农历。

⑤芙蓉：指木芙蓉。

活动目标

通过试、比、诵、写、评等活动，明确余姚节令歌谣特点，进行知识迁移，尝试创作新的节令歌谣。

活动任务：试——比——诵——写——评。

活动说明

主题：学节令歌谣，并仿写。

方式：综合活动。

用时：1～2 课时。

活动流程

活动准备

1. 教师：上网搜索挑选若干幅表现 12 个月季节特征或 24 节气内容的民俗图。

2. 学生：上网查找余姚歌谣，挑选 1 至 2 首熟读成诵，初步感知，激发兴趣。

活动开展

试一试：

1. 看情景。（教师多媒体呈现表现 12 个月季节特征或 24 节气内容的民俗图，引导学生注意观察其中内容和特点。）

2. 说或写。（分组活动，每个小组成员间互相合作，仿照样板共同创作反映当代生活习俗的《十二月歌》，或创作反映当代余姚特色的《十二月花名歌》。）

3. 评最佳。（组自评、组际互评，说理由。）

比一比：

1. 给文本。[给歌谣文本《岁时歌》或《十二月花名歌》，要求学生用余姚话大声诵读（或吟唱）并熟记。]

2. 作比较。（引领学生把自己创作的歌谣与文本作比较，说说哪个好并初步说明理由。）

3. 明理由。（设计表格或填空形式，从押韵、字数、句式、修辞等角度概括歌谣内容、形式特点。）

诵一诵：

教师限定背诵时间。看看在限定时间内哪组背得最快最好，并让组内代表说心得。

写一写：

要求学生选一个节令，仿照“吃了端午粽，还要冻三冻”或“三月三，荠菜赛神丹”等句式，写一首歌谣。

评一评：

1. 分组，组内互评，推介最好，上台展示，并上传至教师微博。

2. 教师微博评价，推介最好至博客或 QQ 空间发表。

课外拓展

1. 通过各种途径了解民间歌谣的概念、特点和分类，以班为单位组织有关知识抢答赛，评出优秀，给予奖励。

2. 通过走访祖辈，搜集余姚各类民间歌谣。

3. 学生自主组织一次“用余姚话诵（唱）余姚歌谣”活动，邀请《姚江桥头》的主持人等担任评委，评出最优并奖励。

他山之石

1. 关于歌谣的知识

百度百科 http://baike.baidu.com/view/888122.htm

2. 余姚各类歌谣例选

(1)礼仪歌谣

拜高堂歌

生命父母给，身体父母养，父母恩深如海洋。儿行千里母牵挂，大门之外盼儿还。拜高堂，拜高堂，善为第一孝先行，千里万里拜高堂。

拜高堂，天赐福，降吉祥，善神护，恶魔藏；拜高堂，朋友诚，满四方，路路通，人缘广；拜高堂，事业顺，无魔障，善缘广，誉四乡；拜高堂，官运亨，青云上，功名成，福禄旺。

(2)生活歌谣

十来忙

一来忙，推开窗门亮汪汪，梳头洗脸正容光；二来忙，烧饭煮茶落厨房[①]，公公婆婆要羹汤；三来忙，沿街买些棒头糖，陪了小叔进厨房；四来忙，丈夫出门去经商，整顿行李备行装；五来忙，喂鸡喂鸭拌米糠，里里外外扫清爽；六来忙，出嫁囡要生外孙，催生满月做衣裳；七来忙，想给儿子讨妻房，挽亲托眷求帮忙；八来忙，抱个孙子坐檐廊，手拎数珠[②]念金刚[③]；十来忙，积起铜钿买寿枋[④]，一双空手见阎王。

(3)劳动歌谣

抲鱼郎

抲鱼郎,真悲伤,困困活动床[5],吃吃卤汁汤,穿穿破衣裳,回到屋里爹娘看见泪汪汪,老婆看见肝肠伤。

(4)革命歌谣

四明山部队[6]

四明山有多高?八百里方圆廿里高;四明山有多险?铜墙铁壁千万道;四明山部队用啥格炮?铁头沙子檀树炮;四明山部队用啥格刀?红布须头阔背刀;四明山部队啥个好?既打鬼子又打"和平佬"[7];四明山部队为谁好?帮助穷人翻身斗土豪。

(5)时政歌谣

格是啥道理

泥水停拉[8]破屋里,裁缝穿格破布衣;木匠家里缺家具,种田人家唔饭米。只有店王顶阔气,庑在高楼大厦里;穿格绸缎夹花呢,吃格鱼肉咯咯鸡。哎!格是啥道理。

(6)情爱歌谣

送针调

清晨早起,失落一枚针;爹娘得知,定要拷一顿;有人传[9]着,送还我的针,要是不嫌我家穷,贫女愿与郎君结鸾凤。

(选自《余姚民间歌谣谚语》)

【注释】

①落厨房:余姚方言,下厨房。

②数珠:余姚方言,即佛珠。

③金刚:指《金刚经》。

④寿枋:寿材。

⑤活动床:指渔船。

⑥四明山部队:泛指三五支队。

⑦和平佬:汪伪和平军。

⑧停拉:余姚方言,住在。

⑨传:余姚方言,拾。

项目二　识歌谣得童趣

活动文本

唧唧唧

（儿童歌谣）

唧唧唧，
骑马到低塘，
低塘一头碰，
直落到化龙，
化龙一条堰，
大家落河摸河鲜①。

摇啊摇，摇到外婆桥

（儿童歌谣）

摇啊摇，
摇到外婆桥，
外婆叫我好宝宝，
糖一包，
糕一包，
宝宝吃仔②咪咪笑。

懒惰老嬷

（儿童歌谣）

蚱蠊[3]咋咋叫，
懒惰老嬷[4]困晏觉[5]，
棉纱也勿纺，
小人也勿抱，
老倌地头削花草，
回来冷饭还没炒，
拔出拳头就要拷，
亏得隔壁叔婆来讨保[6]。

——选自《余姚民间歌谣谚语》

【注释】

①河鲜：河里的鲜活鱼虾。

②吃仔：吃了。

③蚱蠊：余姚方言，称蝉为蚱蠊，也称知了。

④老嬷：余姚方言，指已婚妇女。

⑤困晏觉：睡午觉。

⑥讨保：余姚方言，劝解和代为保证之意。

活动目标

通过玩、记、说，比、写、评等活动，明确余姚儿童歌谣特点，进行知识迁移，尝试创作新的儿童歌谣，并试用、推广。

活动任务：玩、记、说，比、写、评。

活动说明

主题：学儿童歌谣，诵读吟唱并仿写。

方式：综合活动。

用时：1～2 课时。

活动流程

活动准备

1. 教师：根据歌谣文本内容，可录制好三首歌谣的游戏过程并制作成简单的PPT；给学生分组，要求各组根据录像学会至少一首歌谣的游戏。

2. 学生：各组根据录像学会至少一首歌谣的游戏，并玩一玩。

活动开展

玩中记：

1. 分组玩。（边玩边大声诵读本组歌谣内容直至熟练。）

2. 组间记。（交换歌谣内容，进行新游戏，并诵记新歌谣，直至每组均熟悉三首歌谣内容。）

3. 玩中比。（每组选派代表若干，教师可抽任一歌谣请代表玩同一歌谣游戏，看哪组代表最熟练。）

玩中说：

1. 初步说。（先可组内众说纷纭，再在组际交换意见，教师不做过多评价。）

2. 比着说。（引领学生关注时下幼儿、小学生们玩唱的游戏与形式，请他们把这种形式内容与文本内容和相关游戏形式比较，说说哪个更适合儿童并初步说明理由。）

3. 明理由。（设计表格或用填空形式，从押韵、字数、句式、修辞等角度概括歌谣内容、形式特点。）

诵一诵：

教师限定背诵时间。看看在限定时间内哪组背得最快最好最多，并让组内代表说心得。

写一写：

尝试为幼儿园小朋友、小学生寻找适合游戏的内容，并创作适宜的儿童歌谣。（有条件的专业学生可配曲、配乐。）

评一评：

1. 分组，组内互评，推介最好，上台展示，并上传至教师微博。

2. 教师微博评价，推介最好至博客或QQ空间发表。

课外拓展

1. 去幼儿园、小学、社区等地方，教儿童唱歌谣，玩游戏。
2. 搜集、整理更多的儿童歌谣。
3. 学生自主组织一次"唱童谣，玩游戏"大赛，从校园走向校外，尝试推广。

他山之石

1. 关于歌谣的知识

百度百科 http://baike.baidu.com/view/888122.htm

2. 余姚儿童歌谣例选

隔壁阿太做生日

隔壁阿太[①]做生日，人客来仔多来西[②]，想杀一只大雄鸡。
鸡话哉[③]：咯咯嗡，报天亮，还是杀只咩咩羊。
羊话哉：剪仔羊毛欢喜煞，还是杀只嘎嘎鸭。
鸭话哉：生仔蛋蛋好过酒[④]，还是杀仔汪汪狗。
狗话哉：日日夜夜管门口，还是杀仔老黄牛。
牛话哉：我耕地，侬种稻，还是杀仔咪咪猫。
猫话哉：喵呜喵呜扖老鼠，还是杀仔肉肉猪。

猪话哉：七呤七呤吃吃饱[5]，还是让我困晏觉。

阿太听仔胡须气得笔陡翘。拔刀一记刮[6]，侬只懒虫杀侬掉。

跌跌攀攀

跌跌攀攀，攀过南山。南山笔陡[7]，跨步徐岙[8]。

徐岙买牛，买到山头。山头马蹄，一脚搁起。

搁起翻倒，苏州强盗。强盗强歪，捉来黄狼。

黄狼黄鼻头，换来三只大水牛。水牛哞哞叫，碰到南山堕民[9]嫂。

【注释】

①阿太：余姚方言，称呼爷爷的父母亲一辈的长者为阿太。

②多来西：吴越方言，许多。

③话哉：余姚方言，说的意思。哉，语气词。

④过酒：下酒。

⑤七呤七呤：猪吃食的声音。

⑥一记刮：（菜刀往桌上）一拍。

⑦笔陡：笔直。

⑧徐岙：姚南山村名。

⑨堕民：明清时散居绍兴（余姚时属绍兴）等地的“贱民”，不许与一般平民通婚，不许应科举，多以婚丧喜庆杂役等事谋生。清雍正时废其贱籍，新中国成立后方与平民同等对待。

项目三 识歌谣明风物

活动文本

地名歌①

（地名歌谣）

余姚地方大，村庄地名多。
一有郁家湾，二有二六市。
三有三溪口，四有四明山。
五有五车堰，六有陆家埠。
七有七里浦，八有八字桥。
九有九垒山，十有十里亭。

——选自《余姚民间歌谣谚语》

【注释】

①歌中地名都在余姚境内。

土特产歌

（物产歌谣）

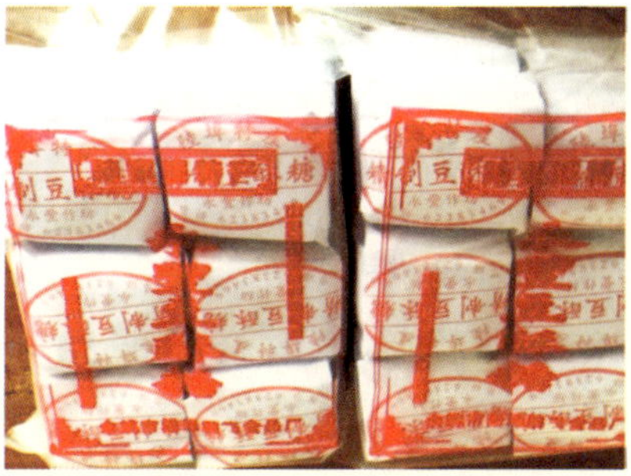

大岚山茶叶汁水香，夏家岭花篮属魁首；
淘箩饭篮数南王，箩篝出在牛场头；
梁弄扎出好扫帚，冯村毛笋黄芽头；
三溪口萝卜个头大，丈亭窑头出砖头；
陆家埠豆酥糖顶讲究，烂水田洲荷花藕；

宣郎岙杨梅白又甜[1]，湖堤荸荠顶爽口；
三北[2]有名藕丝糖，长河金丝草帽销出口；
新谷新米出方桥，芥菜独多水阁周；
第四门大园茄秧有名气，黄沙湖菜秧泥头厚；
瀫水南瓜出在临山北门头，余姚致和好酱油；
彭桥细布雪雪白，百两桥茭白嫩悠悠；
冬瓜芋艿出在逍路头，坎东最多罗汉豆[3]。

——选自《余姚民间歌谣谚语》

【注释】

①宣郎岙杨梅白又甜：宣郎岙产白杨梅

②三北：余姚、慈溪、镇海三县北部。

③罗汉豆：蚕豆。

活动目标

通过读、记、想，走、访、拍，做、比、评三个阶段的活动，明确余姚地名物产歌谣的内容、特点，在熟知内容，了解知识的基础上，进行知识迁移，尝试仿写、创作此类新歌谣，并试用、推广。

活动任务：

1. 读一读、记一记、想一想。
2. 走一走、访一访、拍一拍。
3. 做一做、比一比、评一评。

活动说明

主题：学地名物产歌谣，并仿写创作。

方式：综合活动。

用时：2课时。

活动流程

活动准备

1. 教师：选取余姚有特点的地名物产图片及文字介绍，制作成PPT或视频。

2. 学生：上网浏览余姚古城镇古村落相关图片、照片，探寻地名的由来，看看哪些地方有哪些特产，并写下一段话概括初步印象。

活动开展

1. 读一读、记一记、想一想

(1)读一读。(可用余姚话、普通话分别朗读；可用给节奏朗读、唱读等形式充分激趣。)

(2)记一记。(分两大组，一组为余姚话朗读，另一组为普通话朗读，看看哪种读法更利于记忆，从内容和语言特点等角度说说为什么。)

(3)想一想。(小组讨论，拟定下一步走访拍摄提纲或脚本。)

2. 走一走、访一访、拍一拍

(1)走一走。(选定走访对象，分组走实地，看地方，看物产。)

(2)访一访。(每组师生根据预设提纲访老人，访地方文化名人等。)

(3)拍一拍。(拍对象，拍过程，尝试把歌谣内容影像化。)

3. 做一做、评一评、写一写

(1)做一做。(利用课余时间，把第 2 阶段的成果制作成 PPT。)

(2)比一比。(每组把成果上传至博客、空间等，并进行互评投票等活动，评出最好。)

(3)写一写。(以组为单位，选取白杨梅、茭白等特产或家乡地名，用句式接龙等活泼的形式仿写歌谣一首或广告词一句。)

课外拓展

1. 搜集整理更多的地名物产歌谣。

2. 组成活动小分队，进社区、乡村、学校等，传播歌谣。

3. 向相关部门、媒体、网络自荐、上传自创歌谣。

他山之石

1. 关于歌谣的知识

百度百科 http://baike.baidu.com/view/888122.htm

2. 余姚地名物产歌谣例选

余姚二座城

浙江自古多名邑，明越二州风光好。
别的县城今不说，单说越州古余姚。
历史悠久河姆渡，人文荟萃称名邦。
龙凤龟蛇四山镇县城，南北二城之间架虹桥[①]。
北城东汉末年造，元代扩建到明朝。
只因东洋乌龟小赤佬[②]，经常沿海来骚扰。
难民都往城里逃，县城压得吡吡叫。
幸亏当时有个吕阁老[③]，奏准皇帝就把南城造。
打退倭寇太平保，从此余姚双城到今朝，到今朝。
不料民国那时又来那个东洋乌龟小赤佬，
其拉[④]武器好，有飞机，丢炸弹，
还有那灭绝人性的毒气炮，嗅到就要辫子翘。
所以政府下命令，要把南北二城来拆掉。
省得日本鬼子心里挖漕漕[⑤]，挖漕漕。
十二月十号，县长令一道，
通知城郊附近壮丁统统都要到。
余姚政工队，也是为国为效劳，
马上就把壮丁召，人有五六千，
半月功夫南北双城都拆掉。
百姓进出都方便，不愁东洋赤佬飞机到。

——选自《余姚民间歌谣谚语》

【注释】

①虹桥：指通济桥。石桥，南北向跨姚江，长88.3米，有阶106级，宽5.6米，三孔，中孔跨经14.2米。

②小赤佬：指明代倭寇。

③吕阁老：吕本，明嘉靖时大学士，余姚县城江南人。

④其拉：余姚方言，他们。

⑤挖漕漕：余姚方言，非常想做某件事，心里忍不住。

丹山赤水风光好

丹山赤水风光好，四周景点都看到。幢起岩、节孝碑、风凉洞、赤水桥。莲峰庵、忠清堂，村后古树参天高。

丹山赤水风光好，村下有座赤水桥。清朝初年时间造，历史悠久远近晓。近横三保[①]看勿到，石墩纲索木身桥。行走桥上晃晃摇，桥顶桥下都是桥。

丹山赤水风光好，山上特产木佬佬。吊红柿子最有名，云雾茶叶清香飘。鲜六谷、小笋干、烤芋艿、烤番薯。香榧子、吊脚糖、银杏栗子猕猴桃。

丹山赤水风光好，山下野味也不少。石板鱼、乌鸦鳖、泥鳅游、石蛙跳、蛇盘洞、山鸡叫、野猪野兔鹿狼跑。

丹山赤水风光好，村中有口古水井。六月热天冷冰冰，寒冬井面热气绕。这口古井年代早，深山隔底涌出来。冬暖夏凉味道美，胜过崂山矿泉木佬佬。

丹山赤水风光好，村民待客热情又周到。弄堂弄尾都干净，近年村庄换新貌。饭店快餐农家乐，土产野味享口福。吃的农家菜，住的古木屋。难得山村来一回，游客心里乐陶陶。

【注释】

①近横三保：近横，余姚方言，附近。三保，国民党统治时期，实行保甲制，此处泛指附近村庄。

后海[1]物产歌

眯眯[2]虾鱼“白跃秧”[3]，鲒鳎[4]眼睛单边生，
鳐鱼身条壮又长，海蜒嘴巴赛钉枪，
大头梅鱼爱造孽，海蜇头上太张扬，
跳弹[5]喜在海涂跳，蛏子永生泥洞藏，
蛤蜊无脚奔四方，泥螺产子吓人张。

【注释】

①后海：余姚北部杭州湾，余姚人称后海。
②眯眯：余姚方言，很小。
③白跃秧：一种小鱼的名称，形如小鱼。
④鲒鳎：余姚一带对比目鱼的别称。
⑤跳弹：余姚一带对弹涂鱼的别称。

三北下饭[①]谣

三北下饭交关崭[②]，一碗一碗端上来。
酱爆蛳螺没屁眼，青苗韭菜摊鸭蛋。
葱烤鲫鱼两头弯，胡羊尾巴酱油蘸。
夹心猪肉蒸干菜，大汤黄鱼配咸齑。
韭菜花，炒香干，虾仁蘑菇笋脑尖。
龙头烤，咸带鱼，红壳烤虾加虾皮。
红膏炝蟹石石硬，新腌鲍鳗已风干。
三矾海蜇脆又脆，压饭榔头苋菜梗。
家乡菜，代代传，要吃请到三北来。

——选自《余姚民间歌谣谚语》

【注释】

①三北下饭：余姚、慈溪、镇海三县北部一带的传统小菜。

②交关崭：余姚方言，很好。

项目四　学谚语识气象

气象类谚语

春东风，雨祖宗；夏东风，燥松松。
惊蛰不动风，冷到五月中。
立夏大风多，大雨往后拖。
立夏打风暴，烂田要起燥。
夏至东南风，日日好天公①。
夏至西北风，十个花桃②九个空。
伏里③西北风，稻谷谷穗空。
秋旱老北风，晒煞河底老虾公。
重阳一阵风，久晴过立冬。
梅里④西风毒如砒，霜降西风笑嘻嘻。
夏季东南风，日日热烘烘。
冬里西北风，整日冷冻冻。

——选自《余姚民间歌谣谚语》

【注释】

①天公：余姚方言，指天空。

②花桃：指棉花桃，此处指有棉桃不结棉花。

③伏里：指三伏天。

④梅里：指黄梅时节。

活动目标

通过试、比、诵、写、评等活动，明确余姚气象类谚语特点，进行知识迁移，针对新出现的气象现象，尝试创作新谚语。

活动任务:试——比——诵——写——评。

活动说明

主题:学气象类谚语,并仿写。

方式:综合活动。

用时:1～2 课时。

活动流程

活动准备

1.教师:上网搜索挑选若干幅表现天气变化的天象图或者卫星云图以及余姚老人观察念叨气候变化的影像片段。

2.学生:上网查找余姚气象谚语,在积累余姚气象谚语占有率的基础上,挑选 1 至 2 句进行实际天气变化预言正确率验证,激发兴趣。

活动开展

试一试:

1.描述天气特征,以情景再现方式,说天气。(教师多媒体呈现天气预兆特征,引导学生注意观察其中的内容和特点,试着用余姚天气谚语预测未来天气。)

2.说或写。(分组活动。组内描述天气预兆,组员竞猜。并把过程记录整理成气象先知墙报。)

3.评最佳。(组自评、组际互评,说理由。)

比一比:

1.比墙报。(亮出各组气象先知墙报,进行评价,奖励。)

2.比积累。(引领学生以组为单位,比哪组的气象谚语积累最多。)

3.搞抢答。(设计气象图片或文字描述,要求各组抢答相关气象谚语。)

4.明创作。(设计表格或用填空形式,从押韵、字数、句式、修辞等角度概括天气谚语内容、形式特点。)

诵一诵:

教师限定背诵时间。看看在限定时间内哪组背得最快最多,并让组内代表说心得。

写一写：

仿文本句式、音韵、修辞特点，以“雾霾”、“沙尘暴”等气象现象为对象，写至少 2 条新鲜的、带有余姚方言特色的气象类谚语。

评一评：

1. 分组，组内互评，推介最好，上台展示，并上传至教师微博。

2. 教师微博评价，推介最好至博客或 QQ 空间发表。

课外拓展

1. 通过各种途径了解气象谚语的概念、特点和分类，以班为单位组织有关知识抢答赛，评出优秀，给予奖励。

2. 通过走访祖辈，搜集余姚各类天气谚语。

3. 学生自主整理余姚天气谚语，组织开展为校气象台供稿活动，并开展气象谚语优秀信息员评选活动。

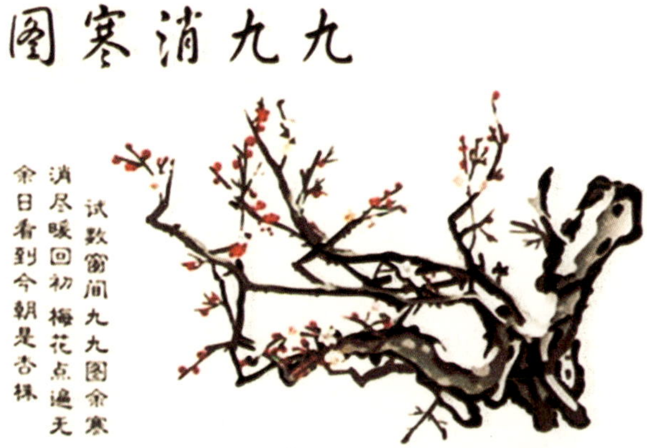

他山之石

1. 关于谚语的知识

百度百科 http://baike.baidu.com/view/23790.htm

2. 余姚民间谚语例选(一)

(1)农谚[①]

春不种,秋无收。
人勤田生宝,人懒田生草。
百业农为本,民以食为天。
万物土中生,万事农为本。
麦上吃太婆,稻上吃破箩[②]。
姑娘怕误女婿,庄稼怕误节气。
庄稼一朵花,全靠肥当家。
人误地一时,地误人一季。
芒种芒种忙忙种,过了芒种白白种。
谷雨动犁头,小满运三车[③]。
若要发,地里挖。
种田不离地头,开店不离柜头。
吃了谷雨饭,天晴落雨要出畈。
人不亏地皮,地不亏肚皮。

(2)婚恋

毛头姑娘十八变,上轿变个观音脸。
夫妻长淡淡,咸菜长下饭[④]。
媒人闲话勿可信,对象要靠自己寻。

(3)家庭亲情

三岁打娘娘发笑,廿岁打娘娘上吊。
草鞋四条筋,路路都是亲。
若要好,大做小。穷做亲,富做生。
一家相骂各条心,箱里黄金变灰尘。
月里婴儿娘弄犯,月里媳妇婆弄犯[⑤]。

(4)理财节俭

开酒缸盖,塞眼药瓶。

吃勿穷,穿勿尽,划算勿好一世穷。

新阿大,旧阿二,破阿三。

浪费无底洞,坐吃山要空。

一年烂粥烂饭买条牛,三年烂粥烂饭起幢楼。

冷,冷在风里;穷,穷在铜里。

——选自《余姚民间歌谣谚语》

【注释】

①生产类中的月日均为农历。

②麦上呒太婆,稻上呒破箩:指农忙时,男女老少齐上阵,没有空闲人,所有工具包括破箩都要用上。

③谷雨动犁头,小满动三车:到了谷雨春耕开始,要犁田;到了小满就要动用水车、油车、丝车。

④下饭:下饭的菜肴。

⑤弄犯:余姚方言,宠坏。

项目五 学谚语正德操

活动文本

道德类谚语

万贯家财不算富，一分品德值千金。
瓜甜不在皮，人美不在衣。
念佛念一世，勿如过桥石板铺一记。
心越凶，命越穷。
人正勿怕影子斜，屋直勿怕日头歪。
脚踏路中央，勿怕别人论短长。
茄子不开黄花，为人不讲虚话。
名声要响，牌子要硬。
宰相肚里好撑船，乌龟肚里好囥天。
吃人家一口，还人家一斗。
出门佬，三分小，遇人尊称老。
上半夜忖忖人家，后半夜忖忖自家。
烂麻拧成绳，力胜千斤鼎。
自话自好，烂腐稻草。

——选自《余姚民间歌谣谚语》

活动目标

通过试、比、诵、写、评等活动，明确余姚道德类谚语特点，进行知识迁移，针对新出现的社会现象，尝试创作新谚语。

活动任务：试——比——写——说——评。

活动说明

主题：学道德类谚语，并仿写。

方式：综合活动。

用时：1～2课时。

活动流程

活动准备

1. 教师：上网搜索挑选《姚江桥头》栏目、余姚道德老话片段或姚剧中涉及余姚道德老话等的影像片段。

2. 学生：上网查找余姚道德谚语，积累余姚道德谚语，并就某几个社会现象用道德谚语进行图配文形式的劝说、讽刺，以激发其兴趣。

活动开展

试一试：

1. 情景再现，余姚老话说道德。（教师多媒体呈现社会新闻，引导学生注意观察分析，并让学生用余姚道德谚语进行评价。）

2. 说或写。（分组活动。再次上网搜新闻，看图片，用道德谚语评图评文，并整理成《电子版余姚道德谚语评天下》专辑。）

3. 评最佳。（组自评、组际互评，说理由。）

比一比：

1. 比小组活动成果。

2. 比积累。（引领学生以组为单位，比哪组的道德谚语积累最多。）

3. 明创作。（设计表格或用填空形式，从押韵、字数、句式、修辞等角度概括道德谚语内容、形式特点。）

写一写：

仿文本句式、音韵、修辞特点，写至少2首新颖的、带有余姚方言特色的道德类谚语或者道德三字经，以颂扬或讽刺某些社会现象。

说一说：

教师限定时间，让学生以快板或者RAP说唱的方式，说说所记所编的余姚道德谚语。

评一评:

1. 分组,组内互评,推介最好,上台展示,并上传至教师微博。

2. 教师微博评价,推介最好的至博客或QQ空间发表。

课外拓展

1. 通过各种途径了解道德谚语的概念、特点和分类,以班为单位组织有关知识抢答赛,评出优秀,给予奖励。

2. 通过走访祖辈或余姚文化名人,搜集余姚各类道德谚语。

3. 组织学生用收集或原创的余姚道德谚语进行快板或RAP说唱比赛。

他山之石

1. 关于谚语的知识

百度百科 http://baike.baidu.com/view/23790.htm

2. 余姚民间谚语例选(二)

(1)养生保健

天天三笑容颜俏,七八分饱人不老。
少吃多滋味,多吃坏肚皮。
饭后百步走,活上九十九。

(2)德行

存好心,说好话,做好事。
念佛修下世,勿及今世做好事。
心越凶,命越穷。
人正勿怕影子斜,屋直勿怕日头歪。
脚踏路中央,勿怕别人论短长。
山中无直树,世上无完人。

(3)诚信

一个买主一根秤，一个和尚一本经。

宁敲当面鼓，不敲背后锣。

(4)志向

有志者，自有千方百计；无志者，只有千难万难。

(5)明礼

灯勿点勿亮，理勿辩勿明。

讲话讲道理，带鱼吃肚皮。

上半夜忖忖人家，后半夜忖忖自家。

牛吼力，打横耙；人无理，讲横话。

(6)团结

亲眷家盘对盘，隔壁邻舍碗对碗。

人多出韩信，智多出孔明。

烂麻拧成绳，力胜千斤鼎。

金鸡凤凰结成伴，乌龟团鱼各成帮。

(7)世故

一只碗勿见响，两只碗叮当响。

果子越吃越少，闲话越传越多。

自话自好，烂腐稻草。

墙头草，随风倒。

——选自《余姚民间歌谣谚语》

模块二 习“先哲章句” 迁移引申得理趣

【活动目的】

余姚是人文荟萃、硕儒辈出的文献名邦，“江山代有才人出”是对余姚最好的写照。这里孕育了著名的高士、思想家、教育家、史学家、政治家、藏书家，他们留下的章句哲思深厚，涉及面广，每一句都引人深思。如何让中职学生用最简单、最具趣味的方式学习先哲章句，从而亲近先哲并传承先哲文化和思想，是本模块学习的重点。我们将通过开展丰富多样的活动，引领学生最大限度地参与到活动中，在自主、合作学习中走进先哲章句中的理趣世界。

【模块内容】

项目一　修身立志
项目二　读书为学
项目三　教育之道
项目四　生活哲思
项目五　书香流播

项目一　修身立志

活动文本

说立志[①]

立志用功，如种树然。方其根芽，犹未有干；及其有干，尚未有枝，枝而后叶，叶而后花、实。初种根时，只管栽培灌溉。勿作枝想，勿作叶想，勿作花想，勿作实想。悬想何益？但不忘栽培之功，怕没有枝叶花实？

严光旧事[②]

司徒侯霸与光[③]素旧，遣使奉书。使人因谓光曰："公闻先生至，区区欲即诣造[④]，迫于典司，是以不获。愿因日暮，自屈[⑤]语言。"光不答，乃投札与之，口授曰："君房足下：位至鼎足，甚善。怀仁辅义天下悦，阿谀顺旨[⑥]要领绝。"霸得书，封奏之。

【注释】

①选自王阳明《传习录》。王阳明(1472—1529)，名守仁，字伯安，别号阳明。明代

著名思想家、文学家、哲学家和军事家，陆王心学之集大成者，和孔子、孟子、朱熹并称孔、孟、朱、王。《传习录》记载了他的语录和论学书信。“传习”一词出自《论语》中的“传不习乎”一语。

②选自《后汉书·逸民列传》。

③光：严光，字子陵，生卒年不详，东汉著名高士（隐士），余姚四先贤之一。

④诣造：诣，前往，去到之意；造，本义为到，往某地去，引申为拜访之意。

⑤屈：委屈。

⑥顺旨：亦作“顺指”，谓曲意逢迎。

活动目标

通过忆、品、比、悟等活动，品读经典章句并交流先贤小故事，了解先贤们的修身立志观，让学生在品读、对比、论志的过程中有所悟有所得。

活动任务：忆——品——比——悟。

活动说明

主题：拜师先贤，立我志向。

方式：综合活动。

用时：2 课时。

活动流程

活动准备

教师：

1. 摘录余姚先贤谈及修身立志的章句，以浅显有趣的为佳。

2. 建议从余姚宣传片及其他网络视频中搜寻反映先贤立志修身的内容。

学生：

1. 与长辈、同学交流，积累余姚老话中或名句中与修身立志相关的内容。

2. 积累反映先贤修身立志的小故事，尝试讲述甚至表演。

活动开展

1. 交流老话

(1)学学老话：可让学生在搜集整理和拜师长辈的基础上，交流与修身立志相关的余姚老话。

（2）讨论交流：各组交流搜集到的修身立志老话，说说从中读出的有效信息。

2. 拜师先贤

（1）视频拜师：教师可根据课前搜集情况向学生提供宣传片和网络视频资料，让学生拉近与先贤的距离。

（2）读读品品：教师提供先哲章句文本，如王阳明《传习录》、《严子陵传奇》中部分关于修身立志的章句。本环节可让学生进行多种形式的朗读，如摇头晃脑方言读、小组搭档表演读，边读边品，说说章句大致句意。

（3）故事荟萃：讲讲演演先贤小故事，增进对先贤的了解，教师提供王阳明学说思想的核心理论、观点，帮助学生把握王阳明修身立志观确立的背景，共同探讨新的历史时期圣贤的内涵。建议讲演故事《王阳明立志做圣贤》的小故事。

（4）见贤思齐：七嘴八舌，共同小结。

3. 智者交锋

（1）老话名章大 PK：可用表格的形式将余姚老话中有关修身立志的内容与王阳明、严子陵、谢迁章句从语言特点、表达形式等方面进行对比，根据自己的理解，说说异同。

（2）优劣异同我来评：师生一起说说自己的理解和看法，旨在吸收老话和章句中所传达出来的关于修身立志的思想精髓，而不是评出孰优孰劣。

4. 课堂论志

（1）迁移自身：分小组讨论，先贤们的修身立志观给我们的启示。组内组间聊一聊我们的修身立志观。

（2）写写志向：可仿用对话体、三字经、喻证法或小故事等不同表达形式，表达自己的修身立志观。

课外拓展

班级内开展故事会活动，评出表达最棒的小组、观点最赞的故事和最具内涵的故事。建议将这些故事录音，制作成动画视频发到网络上。

他山之石

1. 相关影音资料:浙江余姚先贤之严子陵

http://v.youku.com/v_show/id_XNTc4NDYxNzc2.html

2. 相关先贤章句

侃问:"专涵养而不务讲求,将认欲作理,则如之何?"

先生曰:"人须是知学。讲求只是涵养,不讲求只是涵养之志不切。"

曰:"何谓知学?"

曰:"且道为何而学? 学个甚?"

曰:"尝闻先生教,学是学存天理。心之本体,即是天理,体认天理,只要自心地无私意。"

曰:"如此则只须克去私意便是,又愁甚理欲不明?"

曰:"正恐这些私意认不真。"

曰:"总是志未切。志切,目视、耳听皆在此,安有认不真的道理?'是非之心,人皆有之',不假外求。讲求亦只是体当自心所见,不成去心外别有个见。"

——王阳明

功夫难处,全在"格物致知"上。此即诚意之事,意既诚,大段心亦自正,身亦自修。但正心修身功夫,亦各有用力处。修身是已发边,正心是未发边。心正则中,身修则和。

志不立,天下无可成之事。虽百工技艺,未有不本于志者。……故立志而圣,则圣矣;立志而贤,则贤矣。志不立,如无舵之舟,无衔之马,漂荡奔逸,终亦何所底乎?

——王阳明

学者志不立,一经患难,愈见消沮。

——黄宗羲

项目二　读书为学

活动文本

勤　学[①]

己立志为君子，自当从事于学，凡学之不勤，必其志之尚未笃[②]也。从吾游者不以聪慧警捷为高，而以勤确[③]谦抑为上。

诸生试观侪辈[④]之中苟有虚而为盈，无而为有[⑤]，讳己之不能，忌人之有善，自矜自是，大言欺人者，使其人资禀虽甚超迈，侪辈之中有弗疾恶之者乎？有弗鄙贱之者乎？彼固将以欺人，人果遂为所欺，有弗窃笑之者乎？苟有谦默自持，无能自处，笃志力行，勤学好问，称人之善而咎己之失，从人之长而明己之短，忠信乐易[⑥]，表里一致者，使其人资禀虽甚鲁钝，侪辈之中有弗称慕之者乎？彼固以无能自处而不求上人，人果遂以彼为无能，有弗敬尚之者乎？

诸生观此，亦可以知所从事于学矣。

虞和舒被覆书[⑦]

虞和[⑧]位中书郎、廷尉。少好学，居贫屋漏，恐湿坟典[⑨]，乃舒被覆书，书获全而被大湿。时人以比高凤[⑩]。

【注释】

①选自《王文成公全书》卷二十六。王守仁在贬为贵州龙场驿丞时作《教条示龙场诸生》四则，包括立志、勤学、改过、责善。这里所选的是《勤学》一则。

②笃：深切。

③确：坚实。

④侪辈：同辈。

⑤虚而为盈，无而为有：肚子里明明空空的，却假装很充盈；明明是没学问，却假装很有学问。

⑥乐易：愉快和蔼而又平易近人。

⑦选自《南齐书·列传第六十二文学》。

⑧虞和：南朝齐人。

⑨坟典：三坟、五典的并称，后转为古代典籍的通称，指《三坟》(即伏羲、神农、黄帝之书)、《五典》(即少昊、颛顼、高辛、尧、舜之书)、《八索》(乃八卦之说)、《九丘》(九州之志)等古书。

⑩高凤：东汉南阳人，高凤由于认真专注笃学，终成为一名闻名天下的学者，于是在西唐山(现河南平顶山西唐山)教学生读书。叶县常村乡的漂麦河得名缘于此。

活动目标

通过说故事、习章句、比异同、写规划等活动，引导中职学生学习并传承先哲们在读书为学上的精神，把握他们在学习方面提出的哲思，从而树立正确的读书观，养成良好的学习习惯。

活动任务：说——评——读——品——比——悟。

活动说明

主题：学习先贤章句，发扬先贤传统，规划学习生涯。

方式：综合活动。

用时：1～2课时。

活动流程

活动准备

教师：从余姚先贤们的作品中摘录与读书为学相关的章句，并事先发放给学生；搜集整理关于读书学习的余姚道德老话，并制作成 PPT。

学生：自习教师发放的章句，做到熟读并大致理解句意；通过上网查找、走访名人馆等途径搜集先哲的读书小故事，并整理，准备在课堂上讲述。

活动开展

1. 说故事

(1)看一看：教师可出示清张岱在《夜航船》中戏称余姚人的一段文字，以激发学生兴趣。

“唯余姚风俗，后生小子无不读书，及至二十无成，然后习为手艺。故凡百业贱工，其《性理》、《纲鉴》皆全部烂熟，偶问及一事，则人名、官爵、年号、地方枚举之，未尝少错。学问之富，真是两脚书橱。”

(2)说一说：学生分组活动，把各自搜集的小故事进行整理，推荐一个代表上台讲述，开展一个小型故事会。

(3)评一评：对于各组的讲述进行组际互评，并阐明理由。

2. 习章句

(1)读一读：教师可引导学生对读书为学类的文本章句做各种形式的朗读。

(2)习一习：可在诵读的基础上要求学生理解句意，初步品析，讨论交流。

(3)品一品：对文本进行赏鉴，可引领学生从章句的表现形式和哲思呈现两个角度开展组内交流探讨，组长发言展示本组的交流成果。

3. 比异同

(1)读老话：教师 PPT 展示内容与读书为学相关的余姚老话；学生分别用普通话和余姚方言朗读这些老话，并说说哪一种读法更便于记忆。

(2)比异同：从内容和语言特点等角度比一比余姚老话和章句文本，找找异同。

4. 写句段

(1)说自己：教师可鼓励学生说说自己在学习上的表现或学习上存在的问题。

(2)仿照文人章句的表现形式和哲思呈现特点，为自己写勤学座右铭或励志语录 2～3 条。

(3)组内交流、班内交流，评出好句好章 10 条，在班级空间与大家分享。

课外拓展

(1)各组把在课堂中讲述的故事再做加工,使其更具故事性和完整性,在经过师生共同修改后把它们收入《名人故事会》中。

(2)动员计算机基础好、美术功底深的学生搭档,把名人故事制作成动漫,上传到教师微博。

(3)与身边长辈、同学交流,积累余姚老话中或格言名句中更多与读书为学相关的内容。

(4)写打算:建议教师引导学生在对自己学习现状进行剖析的基础上,为自己的学习生涯做出一个合理的规划,以发扬先辈们优良的学习风气。

他山之石

1. 相关音像资料:浙江余姚先贤之朱舜水

http://v.youku.com/v_show/id_XNTc4NTAwODA0.html

2. 读书为学类的先哲章句

先生谓学者曰:"为学须得个头脑工夫,方有着落。纵未能无间,如舟之有舵,一提便醒。不然,虽从事于学,只做个'义袭而取'①,只是行不著②,习不察,非大本达道③也。"又曰:"见得时,横说竖说皆是。若于此处通,彼处不通,只是未见得。"

【注释】

①义袭而取:出自《孟子·公孙丑上》,按照朱熹的解释是"由只行一事偶合于义,便可沿袭于外而得之。"

②行不著,习不察:见上节的注解②

③大本达道:语出《中庸》,第一章。

先生曰:"为学大病在好名。"侃曰:"从前岁,自谓此病已轻。此来精察,乃知全未。岂必务外为人?只闻誉而喜,闻毁而闷,即是此病发来。"曰:"最是。名与实对,务实之心重一分,则务名之心轻一分。全是务实之心,即全无务名之心。若务实之心如饥之求食、渴之求饮,安得更有工夫好名?"又曰:"'疾没世而名不称①’，‘称’字去声读，亦‘声闻过情，君子耻之②’之意。实不称名，生犹可补，没则无及矣。‘四十五十而无闻③’，是不闻道，非无声闻也。孔子云：‘是闻也，非达也④。’安肯以此望人？”

【注释】

①疾没世而名不称：语出《论语·卫灵公》。

②声闻过情，君子耻之：语出《孟子·滕文公下》。

③四十五十而无闻：语出《论语·子罕》。

④是闻也，非达也：语出《论语·颜渊》。

或问："为学以亲故，不免业举之累。"先生曰："以亲之故而业举为累于学，则治田以养其亲者，亦有累于学乎？先正云：'惟患夺志①。'但恐为学之志不真切耳。"

——王阳明

【注释】

①唯患夺志：程颐语，语出《河南程氏外书》，"故科举之事，不患妨功，惟患夺志"。意为不怕科学耽误、妨碍学习，只怕因科举丧失了为学的志向。

信天巢小仅容身，中有图书障俗尘。不与世争闲意气，且随时养老精神。

——高翥

当以书明心，无玩物丧志也。 ——黄宗羲

自古圣贤，盛德大业，未有不由学而成者也。 ——黄宗羲

学则智，不学则愚。 ——黄宗羲

读书意未已，悠然有余欣。 —— 孙介

三日不读，口生荆棘；三日不弹，手生荆棘。 ——朱舜水

但患不读书，不患读书无所用。 ——朱舜水

日间工夫觉纷扰，则静坐。觉懒看书，则且看书。是亦因病而药。

——王阳明

寡欲以养其心，观止以明其理，调息以养其气，读书以验其诚。

——赵谦

我们求学的目的，乃在学习了做人的基本条件，好叫我们做一个有用的人。

——杨贤江

项目三 教育之道

活动文本

围坐讲学[①]

教学如植树，也要“适度灌溉”。“如树有些萌芽。只把这些水去灌溉，萌芽再长，便又加些水，自拱把以至合抱：灌溉之功，皆以是随其分限所及，若有些小萌芽，有一桶水在，如尽倾上，便浸坏它了。”

学问之道[②]

学问之道，以各人自用得着者为真。凡依门傍户，依样画葫芦者，非流俗之土，则经生之业也。此编所列，有一偏之见，有相反之论，学者于其不同处，正宜着眼理会。

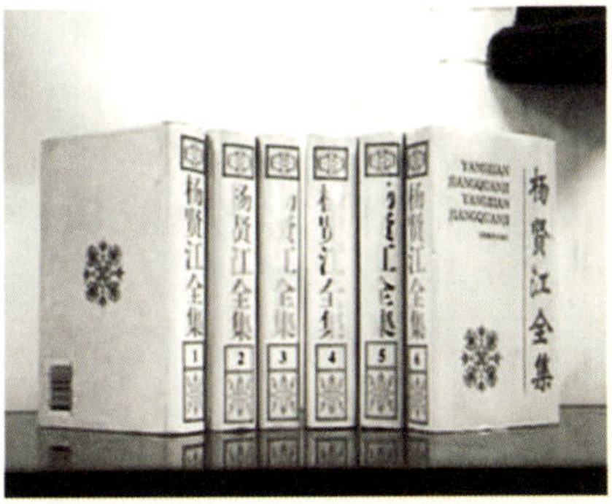

疑者，觉悟之机，一番觉悟，一番长进。小疑则小悟，大疑则大悟，不疑则不悟。

全人生指导③

中学教育的目标，不特须使学生将来能升学，也须使学生将来会做事。

单是智力的生活，失于冷酷；单是体力的生活，失于粗率；单是道德的生活，失于严肃。必兼有三育，融会精彻，始能成为完人。

【注释】

①选自王阳明《传习录》。王阳明主张教育要循序渐进，根据学生智力和能力量力而教。

②两段文字分别选自黄宗羲《明儒学案》和《南雷学案》。黄宗羲(1610—1695)，字太冲，号南雷，别号梨洲老人、梨洲山人，学者称梨洲先生。明末清初经学家、史学家、思想家、地理学家、天文历算学家和教育家，有“中国思想启蒙之父”之誉。

③选自杨贤江《中学训育问题的研究》。杨贤江(1895—1931)，著名教育家和马克思主义教育理论家。他提倡对学生进行“全人生指导”教育，发展学生的知、情、意、行，培养学生成为“完成的人”。

活动目标

细读先贤们谈及教育的文字，通过回忆、品读、对比、感悟，对先贤们深入浅出的真知灼见产生共鸣，从而引为行动指南。师生交流，懂得有疑方有悟，有深思才有创新。

活动任务：忆——品——比——悟。

活动说明

主题：感悟哲思，扬己所长。

方式：综合活动。

用时：2课时。

活动流程

活动准备

教师：

1. 搜集反映先贤教育教学观点的章句，尽量选取贴近学生学习生活的内容。

2. 从网上下载体现古代教育家们教育教学思想的短片。

3. 拍摄展示新时期余姚十二字精神的图片。

学生：

1. 和长辈及师长交流，听听他们的教育观，关注有余姚地方特色的一些说法。

2. 学生可结队去余姚名人馆，以照片的形式搜集先贤教育教学观点及能体现其观点的小故事，为课堂交流做准备。

活动开展

1. 摇头晃脑忆名句

(1) 忆老话：学生学腔学调说说课前与长辈、师长交流过程中搜集到的教育教学观点。

(2) 说创新：教师展示课前拍摄的与新时期余姚精神“崇文崇德、开明开放、创新创优”相关的图片。

2. 老话新读品哲思

(1) 品哲思：开展“一句一归纳活动”，下发表格，引导学生归纳文本中每一章句的内容和语言特点，总结先贤的教育观，并掌握其深入浅出的语言特点。

(2) 读老话：给学生提供课前整理的关于教育教学思想的章句，通过多种朗读形式，把握章句中体现的主要观点，增强文言阅读语感。

3. 对比讨论得真知

(1) 赏短片：师生共赏古代教育家们教育教学思想的短片，从中关注他们的教育精髓，如孔子的因材施教观等。

(2) 谈己见：学生作为教育主要当事人，应该有很深的感受，可以让学生说说他们的一些想法，甚至不妨换位为老师，谈谈自己的教育观。

(3) 得真知：对比讨论古代教育家、余姚先贤、我们自己的看法和新时期余姚精神，感受创新的重要性。

4. 评头品足说师教

写写自己关于专业方面创新的小构想或好点子。

课外拓展

1. 汇总同学们的创新点子，评一评最有创意的点子、最靠谱的点子、最有前景的点子等，慢慢将其中操作性强的点子一个一个变成现实。

2. 展示会：可鼓励学生选择性地展示余姚名人馆中拍摄到的先贤资料、教育观点，最好能绘声绘色地讲讲与教育教学相关的小故事，比如讲述黄宗羲一生以身作则、勤奋好学到老的故事。

他山之石

1. 相关影音资料：浙江余姚先贤之黄宗羲

http://v.youku.com/v_show/id_XNTc4NDkwMzYw.html

2. 相关先贤章句

爱其子而不教，犹为不爱也；教而不以善，犹为不教也。

——黄宗羲

道无定体，学贵适用。奈何今日之人执一以为道，使学道与事功判为两途。事功而不出于道，则机智用事而流于伪，道不能达之事功，论其学则有，于适用则无，讲一身之行为则似是，救国家之危难则非也，岂真儒哉？

——黄宗羲

大抵童子之情，乐嬉游而惮拘检，如草木之始萌芽，舒畅之则条达，摧挠之则衰萎。今教童子，必使其趋向鼓舞，中心喜悦，则其进自不能已。譬之时雨春风，沾被卉木，莫不萌动发越，自然日长月化。若冰霜剥落，则生意萧索，日就枯槁矣。

——王阳明

徐行尧服，人人能之，即人人可以为尧舜也，只在著察之间耳。后之儒者，将圣人看得烦难，或求之静坐澄心，或求之格物穷理，或求之人生以上，或求之察见端倪，遂使千年之远，亿兆人之众，圣人绝响。人人可以认取圣脉，后来近溪只求人所行所习，当下指点出著察一路，真觉人人去圣不远。

——黄宗羲

教约

凡授书不在徒多，但贵精熟，量其资禀，能二百字者止可授以一百字，常使精神力量有余，则无厌苦之患，而有自得之美。讽诵之际；务令专心一志，口诵心惟，字字句句绸绎反覆，抑扬其音节，宽虚其心意，久则义礼浃洽，聪明日开矣。

每日工夫，先考德，次背书诵书，次习礼或作课仿，次复诵书讲书，次歌诗。凡习礼歌诗之数，皆所以常存童子之心，使其乐习不倦，而无瑕及于邪僻。教者如此，则知所施矣。虽然，此其大略也；神而明之，则存乎其人。

——王阳明

项目四　生活哲思

活动文本

责人勿若反己[①]

一友常易动气责人，先生警之曰：“学须反己。若徒责人，只见得人不是，不见自己非。若能反己，方见自己有许多未尽处，奚暇[②]责人？舜能化得象的傲，其机括[③]只是不见象的不是。若舜只要正他的奸恶，就见得象的不是矣。象是傲人，必不肯相下，如何感化得他？”是友感悔，曰：“你今后只不要去论人之是非，凡尝责辨人时，就把做一件大己私克去方可。”

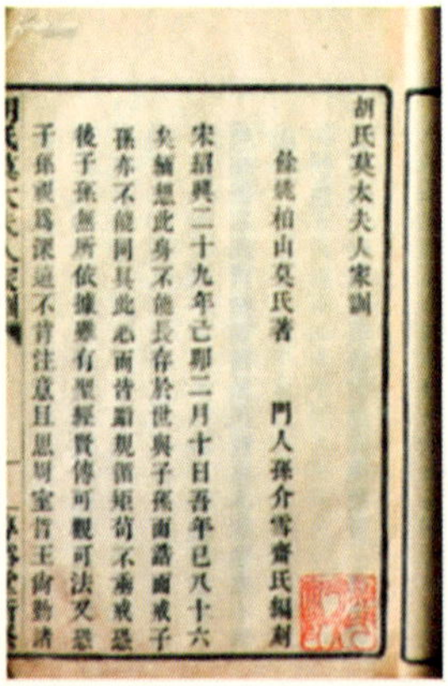
胡氏莫太夫人家訓
餘姚柏山莫氏著　門人孫介雪齋氏編刻
宋紹興二十九年己卯二月十日吾年已八十六

胡氏莫太夫人家训[④]

子孙当存忠厚，无学浇薄[⑤]。贤者亲之，奸者远之，恶者避之，弱者莫欺之。与贤者亲，则德日进而人争敬之；与不贤者亲，则德日薄而人争贱之……

子孙不论寒暑，日日要起早，夜夜要眠迟。古人云：“一日之计在于寅。”又云：“夜眠迟，清早起。”如此，何事不成？何功不就？何志不遂？

门庭当日加洒扫，纵无钱，觉心中开豁。古人所谓“大丈夫当扫除天下，安事一室”之语，予恐未然。大抵为治之道，由家而国，由国而天下，未闻欲扫除天下而舍其家也。子孙切不可以此藉口。

【注释】

①选自王阳明《传习录》。

②奚暇：奚，什么，何之意；暇，空闲。

③机括：亦作“机栝”，本义为弩上发矢的机件，喻治事的权柄或事物的关键。

④胡氏为浙东望族。《胡氏家训》是莫太夫人为垂戒家族后人而撰，共118条，语言俚浅，例喻设教，睿智精辟，涉及为人处世多方面，至今仍有鉴戒价值。

⑤浇薄：浮薄，不厚。

活动目标

朗读品味先贤们包含生活哲学的章句，通过回忆、品读、对比、感悟，解读章句内涵，从中悟出于今仍可供借鉴的生活哲学，同时提升学生的说写语文能力。

活动任务：忆——品——比——悟。

活动说明

主题：做最好的自己。

方式：综合活动。

用时：2课时。

活动流程

活动准备

教师：

1. 搜集余姚先贤们作品中关于生活哲学的章句并初步按内容进行分类。

2. 去余姚名人馆、图书馆拍拍照片，找找故事，越生动越好。

学生：

1. 访长辈，学一学余姚方言中关于生活哲理的老话，能录音为佳。

2. 到先贤故居，用照片记录先贤生活的影子。

活动开展

1. 忆长辈叮咛

(1)老话串烧：回忆流传度高的包含生活哲理的老话，学腔学调，老话串烧。

(2)品味叮咛:师生一起交流,品味包含在这些叮咛中的长辈想告诉我们的"生活秘密"。

2.品先贤哲思

(1)先贤章句我来读:教师可提供几段先贤章句,建议选取几个反应不同生活哲学的小段落。师生一起读一读,说一说。

(2)先贤故居觅哲思:学生用照片的形式展示从某位先贤故居中记录到的生活影子,寻寻觅觅这些生活痕迹里的小秘密,能说说他们生活的一些故事更好。

3.比老话名篇

(1)老话名篇对对碰:给余姚老话、格言名句、先贤章句里所提到的类似的生活哲学连连线,说说异同之处。

(2)生活哲学碎碎念:教师可和学生一起交流交流各自心里的生活哲学,传递好想法与正能量。

4.悟生活哲学

(1)编编小故事:可参考《天天向上》节目结尾的小故事的方式,编编生活小故事,通过故事,传递自己主张的生活哲学。

(2)演演小电影:可仿《天天向上》节目结尾的小故事的表演方式,和自己的"黄金搭档"一起,演演独家小电影。

课外拓展

电影工作室系列活动:根据编写的小小故事,演一演,配一配音乐,尽可能地在同学之间交流,修改之后上传到优酷之类的网站。

他山之石

1.相关影音资料:浙江余姚先贤之王阳明

http://my.tv.sohu.com/us/172991202/57774600.shtml

2. 相关先贤章句

在虔，与于中、谦之同侍。

先生曰：“人胸中各有个圣人，只自信不及，都自埋倒了。”因顾于中曰：“尔胸中原是圣人。”

于中起不敢当。

先生曰：“此是尔自家有的，如何要推？”于中又曰：“不敢。”

先生曰：“众人皆有之，况在于中，却何故谦起来？谦亦不得。”于中乃笑受。

——王阳明

知是行的主意，行是知的功夫；知是行之始，行是知之成。知之真切笃实处即是行，行之明觉精察处即是知。知行功夫本不可离，只为后世学者分作两截用功，失却知行本体，故有合一并进之说。

——王阳明

责善朋友之道，然须忠告而善道之，悉其忠爱，致其婉曲，使彼闻之而可从，绎之而可改，有所感而无所怒，乃为善耳。处朋友，务相下则得益，相上则损。

——王阳明

骨肉之间，多一份浑厚，便多一份亲情，是非上不要太明。

不以一己之利为利，而使天下受其利；不以一己之害为害，而使天下释其害。

大丈夫行事，论是非，不论利害；论顺逆，不论成败；论万世，不论一生。

——黄宗羲

家财万贯，不如做人为善。

——严子陵

君子常行胜言，小人常言胜行。

满盈者，不损何为？慎之！慎之！

——王阳明

贫贱，常境也，常可安也；富贵，暂境也，暂不必美也。

——邵廷采

随时得师，虚心广见，何所不宜。

——邵廷采

项目五　书香流播

活动文本

《天一阁[①]藏书记》[②]节选

越中藏书之家，钮五溪世学楼[③]其著也。余见其小说家目录亦数百种，商氏之《稗海》皆从彼借刻。崇祯庚午间，其书初散，余仅从故书铺得十余部而已。辛巳，余在南中，闻焦氏书欲卖，急往询之，不受奇零之值，二千金方得为售主。时冯邺仙官南纳言，余以为书归邺仙犹归我也，邺仙大喜。及余归而不果，后来闻亦散去。庚寅三月，余访钱牧斋，馆于绛云楼[④]下，因得繙其书籍，凡余之所欲见者无不在焉。牧斋约余为读书伴侣，闭关三年，余喜过望。方欲践约，而绛云一炬，收归东壁矣！

《五桂楼[⑤]书目》题识

余既构楼三间，以藏此书，盖欲子孙守之，后世读楹书，可登楼展视，或海内好事愿窥秘册者，听偕登焉。

【注释】

①天一阁：建于明嘉靖四十年(1561)至四十五年(1566)，是当时兵部右侍郎范钦所建的私家藏书楼，位于宁波市月湖西侧的天一街，是中国现存最古老的私家藏书楼。

②黄宗羲撰写，研究明清私人藏书文化的重要史料，也是他藏书思想的核心文献。

③世学楼：明钮纬所建著名藏书楼。钮纬，字仲文，号石溪，明代著名藏书家。

④绛云楼：既是清代文人钱谦益、名妓柳如是夫妻的居所，也是藏书楼。藏书丰富，名冠东南，几可比拟内府，编有《绛云楼书目》。顺治七年(1650)初冬之夜，绛云楼不慎酿成大火，藏书焚毁。

⑤五桂楼：位于宁波市梁弄镇学堂弄。建于清嘉庆十二年(1807)，是诸生黄澄量的藏书楼，聚书五万余卷，有“浙东第二藏书楼”之称。黄澄量，字式筌，号石泉，生于清乾隆年间，余姚梁弄人。

活动目标

通过外出采风、上网查找、课堂展示、品读感悟等活动，了解余姚悠久的藏书历史，学习余姚藏书家独特的藏书精神，再联系生活，结合自己的实际谈谈感悟，引导学生有意识地做到爱书、藏书，传承先辈的藏书精神。

活动任务：外出采风、上网查找、课堂展示、品读感悟。

活动说明

主题：了解余姚藏书史，感知先哲藏书魂。

方式：综合活动。

用时：2 课时。

活动流程

活动准备

教师：从余姚先贤们的作品和相关资料、史籍中摘录展现余姚先辈藏书活动和藏书精神的章句。

学生：

1. 可把学生分成两组外出采风，第一组地点为余姚现存两大藏书楼——五桂楼和四明阁，要求实地拍摄考察，并做好笔记，最后将采集的资料做成 PPT。

第二组网上查找几大著名藏书楼，记录它们的历史、藏书活动，也将收集到的资料做成 PPT。

2. 建议学生通过走访一些对余姚藏书家做过深入研究的专家，收集网络资源，认识更多的藏书家，了解更多的藏书故事

活动开展

1. 藏书知识知多少

看两组展示采风成果。

2. 比较之中窥一二

结合两组的介绍，可让学生将余姚的乡野藏书楼和中国的著名藏书楼比较，感知余姚独特的藏书精神。

3. 品读章句见精神

(1)出示文本，通过朗读，理解句意。

(2)初步品析，讨论交流，把握精神。

4. 我用我笔写先贤

(1)学生可在课前走访调查的基础上，选择其中一个先贤编写故事。

(2)故事优劣大比拼。

(3)把兼具生动性和完整性的故事收入《名人故事会》中。

(4)迁移自身，让学生尝试从"珍爱文献、雅俗并收，藏以致用、明心治学，嘉惠读者、书香流播"的几大藏书精神中任选一条展开评述。

课外拓展

学习先贤承传统：

1. 建议让学生相互交流，简单介绍自己从小到大的阅读情况。

2. 可开展"我的图书我来藏"活动，动员班级所有的学生把自己认为比较珍贵的书籍捐献给学校图书馆，学习先贤们让书香流播的做法。

他山之石

1. 关于中国藏书史研究的几个问题——中国文学网。

2. 关于浙东第二藏书楼——余姚五桂楼——宁波旅游网。

3. 书香流播章句选：

绝学者，如历算、乐律、测望、占候、火器、水利之类是也。郡县上之于朝，政府考其果有发明，使之待诏，否则罢归。

——黄宗羲《明夷待访录》

府君抄书，寒夜必达鸡鸣。暑则折帐作孔，就火通光，伏枕摊编，以避蚊嘬。

——黄百家《续钞堂书目序》

读书难，藏书犹难，藏之久而不散，则难之难矣。

——黄宗羲《天一阁藏书记》

公至是发愤，自明十三朝实录，上溯二十一史，每日丹铅一本，迟明而起，鸡鸣方已。

——黄百家《先遗献文孝公梨洲府君行略》

君虽治生业，而颇好看书，即其所居之西偏建室宇，聚经史，求良师友，授教诸子，俾朝夕修习于中。

——《光绪余姚县志·宋故王府君墓志铭》

积财与子孙，不如楹书与子孙。

——黄澄量

子能读书，而后能教子孙读书，而子孙亦能教子孙读书。

——黄澄量

生年未卅岁，夜睡曾不足。若非书中寝，一日终踏踢。

——黄澄量《书睡》

所聚图书，悉由手抄，其残编蠹简，亦手缀之，无所厌倦。

——宋人撰《吴越备史》

举凡鹿洞谈经之作，龙门经世之文，漆园藏室之言，唐勒景差之制，以至九章算术，五垒兵图，星宫风角之渊微，王相握奇之阴奥，三乘秘藏，衍香象于元宗，九仑仙经，刊飞龟于丹帙，网罗略备，囊手无遗。

——《光绪余姚县志》

模块三　诵“竹枝词声”　谙通俗韵感风情

【活动目的】

竹枝词，源自民间歌谣，长于吟咏风土人情，记录当地社会和历史。余姚多耕读之家，有较多文人竹枝词，完好保存了余姚生活画卷。本章节借助余姚本地方言，设置情景，组织活动，引导学生学习竹枝词，进而传风俗、鉴山水、识乡贤、知农事、品美食，全面了解乡情，培养学生爱乡之情。引导学生掌握一般竹枝词的创作手法，能仿写并创作。在活动拓展中，兼及复习散文、小故事、导游词和说明文的写作技巧。

【模块内容】

项目一　竹枝词里传风俗

项目二　竹枝词里鉴山水

项目三　竹枝词里识乡贤

项目四　竹枝词里知农事

项目五　竹枝词里品美食

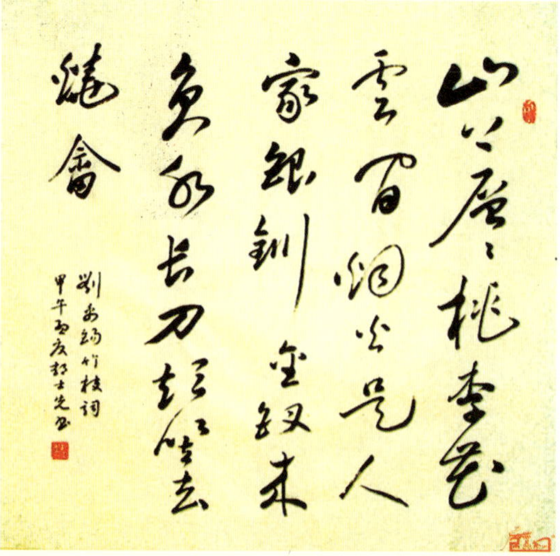

项目一 竹枝词里传风俗

活动文本

姚江竹枝词

（清）宋梦良[①]

春深争采雨前茶，
立夏称人[②]杂笑哗。
蚕事既登田事起，
年年小满动三车。

泗门竹枝词·出嫁[③]

百两盈门宝扇开，
玉人何事尚低徊。
催妆笑听伴娘说，
只待哥哥抱出来[④]。

（图片由章孝天提供）

【注释】

①宋梦良：字竹孙，诸生。著有《步梅诗抄》、《姚江竹枝词》三百首。

②立夏称人：立夏日各家秤人。蚕事毕则丝车动，菜籽熟则油车动，田需水则水车亦动。

③泗门竹枝词：民国时期由谢翘等人著，共一百首。本卷中，泗门竹枝词，无特殊说明，题目均由编者拟定。

④只待哥哥抱出来：乡俗由阿哥抱上轿。

活动目标

通过醉乡音（听、读）、理竹枝（析）、讲摊头（寻）、拟新篇（写）、秀阿拉（评）等活动环节，明确余姚曾经有过的、现在仍然延续的各种民俗风情，进行知识的普及，并有选择的传承。

其次，尝试创作描写余姚风俗的新竹枝词、介绍性现代短文和图配文模式的介绍。

活动任务：方言读——赏词篇——寻风俗——写风俗——秀风俗。

活动说明

主题：传竹枝词里风俗，承文献名邦传统。

方式：综合活动。

用时：2 课时。

活动流程

活动准备

教师：

1. 教师可收集含有余姚风俗的竹枝词，并印发给学生。
2. 发现并用镜头记录身边的余姚风俗。
3. 方言朗诵三首竹枝词，并录音。

学生：

1. 学生自习教师发放的竹枝词，并尝试用方言朗诵。
2. 寻找类似的描写余姚风俗的竹枝词。

活动开展

1. 醉乡音 · 俗人俗韵

（1）方言朗诵赛。（学生可通过自荐、同伴推荐等方式，比赛用方言朗诵竹枝词；需要注意朗诵的节奏和情感。）

（2）方言评朗诵。（可让学生自由用方言点评各个小组朗诵，从方言字音、节奏、情感等角度考量，并选出“最土”朗诵者一名。）

（3）听方言朗诵。（建议播放教师事先准备的老余姚人朗诵的竹枝词，引导学生进行对比，或者可给学生一段时间，让他们模拟朗诵。）

参考评价标准：

评分要素	分值	组别			
		A组	B组	C组	D组
方言标准 吐字清晰	10分				
声音洪亮 节奏适当 韵律明显	10分				
情绪饱满 富有表现	10分				
朗诵形式 有个性有创意	10分				

2. 理竹枝 · 民俗民情

(1)寻找词中风俗。(师生可以共同赏析竹枝词，重点在于点出词中描写的风俗，共同明确所描写风俗的具体细节。)

(2)议议竹枝特点。(教师可引导学生从句式、字数、用韵、节奏等方面概括形式特点，从材料选择角度议议内容特点，还可与诗、词对比进行明确。)

(3)评选最土风俗。(可组织小组讨论，结合竹枝词的创作手法、表达效果以及情感体现、生活典型性等，推荐描写最到位的一个；被推荐同学可以用方言陈述推荐理由。)

3. 讲摊头 · 旧俗新风

(1)余姚风俗我最懂。(重点组织同学寻找身边的各种风俗，教师可限时五分钟，各小组通过头脑风暴，写出自己所知道的各种风俗，数量最多小组获得优胜)

(2)余姚风俗游园会。(重点是向同学推荐自己了解的风俗，建议各小组选择一个或多个风俗，写上名字、时间、流程等向别组推荐；同时，各个小组可以向别的小组询问自己所不了解的习俗。)

4. 拟新篇 · 描风描俗

(1)写新词。(建议学生选择最想传承的一个风俗，仿写创作竹枝词一篇，小组推荐一篇准备展示。)

(2)写散文。(建议小组根据推荐作品，写作最想传承该风俗理由的散文一篇，200字以内。)

5. 秀阿拉 · 旧俗新姿

(1)秀风俗。(教师可模拟天津卫视的“国色天香”等娱乐节目形式，组织小组按照最佳方式展示自己创作的竹枝词，并朗诵风俗介绍的短文。)

(2)评新作。(教师自己或者组织学生，结合竹枝词的创作、散文创作和展示方式，评出最佳作品奖一个，最佳展示奖一个。)

参考评价标准：

评分要素	分值	组别			
		A组	B组	C组	D组
形式(字数、对仗、押韵等)	10分				
内容(表现风俗内容、体现家乡之美)	10分				
创新度	10分				
表现力	10分				

课外拓展

1. 采访老人，寻找渐被遗忘的余姚风俗，并用文字和照片等方式记录，评价其精华或糟粕所在。最终，班级整理成册。

2. 用镜头(照片、视频)采集余姚多种风俗，通过网络做好传承。

他山之石

1. 关于竹枝词的知识。

百度百科 http://baike.baidu.com/view/143071.htm

2. 余姚同类竹枝词例选。

销寒竹枝词　三首

(清)朱文治[1]

祭　灶

轿子安排旧竹邓，还添马料豆盈升。
灶神未必能胶口，空买饧糖叠几层。

扫 尘

竹筱高低净扫尘，门墙又见一香新。
宜春帖子年年写，背让髯苏是古人。

饭 脯[2]

利市家家望岁除，有余自觉胜无余。
饭蒸作脯谐声读，村妇原来解六书。

姚江竹枝词

（清）翁忠锡[3]

四季糕食

清明艾饺端阳粽，重九花糕论担挑。
只有年糕时节早，摊头摆到小春朝。

泗门竹枝词 四首

开 学

芝兰子弟擅英髦，六岁开蒙喜气高。
合是宁家贤相宅，外婆先贺状元糕。

端 午

悬艾芳辰日午长，家家除毒不胜忙。
雄黄老酒全虫蛋[4]，更炙门冬[5]满室香。

洞 房

望儿传代但铺麻，从此金莲步步花。
步入洞房争座位，团圆先饮桂圆茶。

元 宵

戏演灯头贺上元，家家留客总盈门。
莫嫌下酒无滋味，菜蕻年糕炒几盆。

【注释】

①朱文治，(1760—1845)字诗南，号少仙，浙江余姚人。乾隆五十三年(1788)举人。三首竹枝词题目为编者拟加。本卷中，销寒竹枝词，无特殊说明题目均由编者拟定。

②饭脯：俗语年终淘米蒸之，谓之饭脯。陆续煮食，谐声(饭脯——万富)取万年富之意。

③翁忠锡：清，余姚人。

④全虫蛋：俗以全蝎置蛋中，蒸食之，可解百毒。

⑤炙门冬：即麦冬。

项目二　竹枝词里鉴山水

活动文本

姚江竹枝词
为张邑侯松作通济桥

徐　琰

通济桥流西复东，
渔镫上下晚江红。
网来笑得双金鲤，
好送明朝张外公。

（余姚通济桥）

姚江竹枝词
龙泉山

（清）翁忠锡

龙山山高层复层，
异水水流清复清。
两地心香同一瓣，
九秋[①]州日拜阳明。

（余姚龙泉山）

【注释】

①九秋：指九月深秋。

活动目标

通过讲摊头(寻)、醉乡音(听、读)、理竹枝(析)、拟新篇(写)、秀阿拉(评)等活动环节,寻找竹枝词中存在的余姚山水,确定其现在具体位置。

其次,掌握一定的景物描写手法,尝试创作描写余姚山水的新竹枝词和导游解说词。

活动任务:方言读——赏词篇——寻山水——写山水——秀山水。

活动说明

主题:赏竹枝词里山水,寻龙山舜水美景。

方式:综合活动。

用时:2 课时。

活动流程

活动准备

教师:

1. 教师收集含有余姚山水的竹枝词,并印发给学生。

2. 方言朗诵三首竹枝词,并录音。

学生:学生自习教师发放的竹枝词,并尝试用方言朗诵。

活动开展

1. 讲摊头 · 山情水韵

余姚山水最美处。(教师让学生随意推荐余姚最美丽或者最值得推荐的景点一个,为下文展示描写山水的竹枝词打下伏笔。)

2. 醉乡音 · 山水之声

(1)方言朗诵赛。(可组织学生比赛用方言朗诵竹枝词;需要注意朗诵的节奏和情感。)

(2)方言评朗诵。(可以让学生自由用方言点评各个小组朗诵,从方言字音、节奏、情感等角度考量,并选出“最土”朗诵者一名。)

(3)听方言朗诵。(播放教师事先准备的老余姚人朗诵的竹枝词,听完之后,给学生一定时间用方言自由朗读。)

参考评价标准：

评分要素	分值	组别			
		A组	B组	C组	D组
方言标准 吐字清晰	10分				
声音洪亮 节奏适当 韵律明显	10分				
情绪饱满 富有表现	10分				
朗诵形式 有个性有创意	10分				

3. 理竹枝 · 名邑风景

(1)寻找词中风景。(可以分两步走：首先，要求学生根据词中描写风景，转化成白话文；其次，考证此风景点现在是否还能见到。从字面出发，结合现存风景，引导学生感怀时光变换。)

(2)议议竹枝特点。(教师引导学生从句式、字数、用韵、节奏等方面重温形式特点，从材料选择角度议议内容特点，还可与诗、词对比进行明确。)

(3)评选最美余姚。(教师引导学生分小组讨论，结合竹枝词的创作手法、表达效果以及思想情感，推荐竹枝词中描写最美的景点一个。)

4. 拟新篇 · 摩山摩水

(1)写新词。(教师和学生可选取自己认为最美的一处余姚山水，仿写竹枝词一篇，小组推荐一篇准备展示。)

(2)荐山水。(可结合小组推荐的写景竹枝词作品创作该处山水的导游词一篇，200字以内。)

5. 秀阿拉 · 山水含情

(1)余姚山水推荐会。(可组织学生推荐自己心中最美的余姚山水，介绍时可用新写竹枝词做引，后接导游词进行详细介绍。)

(2)余姚，去哪儿？(教师可邀请二三同事，并要求他们结合同学们的竹枝词、导游词以及展示方式，选出最想去的地方；而推荐该景点的小组自然获得最佳作品奖、最佳展示奖。)

参考评价标准：

评分要素	分值	组别			
		A组	B组	C组	D组
形式(字数、对仗、押韵等)	10分				
内容(表现山水美、展示爱乡之情)	10分				
创新度	10分				
表现力	10分				

课外拓展

1. 用照片拍摄余姚山水经典一组，并配些说明，发表于网络。

2. 用视频记录余姚景点，并创作散文一篇，以电视散文的形式上传网络，向外界推荐余姚。

3. 各位同学按照自己家所在方位(东南西北方向)，规划一条家乡一日游的线路。

他山之石

1. 关于竹枝词的知识

百度百科 http://baike.baidu.com/view/143071.htm

2. 余姚同类竹枝词例选

姚江棹歌[①] 六首

(清)邵晋涵[②]

桐江桥

桐江留得月钩痕，百折惊涛赴海门。
莫望使星霄汉上，人间亦自有昆仑[③]。

兰　江

布帆含雨下前滩，五月兰江阁暮寒。
石虎[4]荒凉栖鸟寂，野磷万点若为看。

大岚山[5]

澄江过雨水溶溶，却望南明第九峰。
一缕青烟凝不散，青天削出秀芙蓉。

三菁江[6]

日落轻挠散浴凫，三菁江上水萦纡。
推篷回眺蒹葭路，一发青山接上虞。

雁　湖

雁湖一带苇花丛，钱鳟千家烟水中。
载稻舟归新月上，野人门巷落丹枫。

风　山[7]

卖鱼归去莫教迟，革履舟轻缆自维。
风字山头云擘絮，夜深应有雨如丝。

（四明山俯瞰）

【注释】

①棹：本义船桨，棹歌即指渔民在撑船、划船时候唱的渔歌。后演化为与水乡有关的诗词，并形成一种独特的诗歌创作方法，刘铁冷《作诗百法》称其为“作棹歌法”。多为江南一带诗人使用。著名的有《兰溪棹歌》、《鸳鸯湖棹歌》。

②邵晋涵：(1743—1796)清著名学者、史志目录学家、藏书家。字与桐，号二云，又号南江，浙江余姚人，是清代著名史学家、经学家。生于清高宗乾隆八年，卒于仁宗嘉庆元年六月十五日(7月19日)，年54岁。乾隆三十年(1765)举人，三十六年(1771)进士，入四库全书馆任编修。

③人间亦自有昆仑：元宋褧《送汪臣良编修出知余姚州题得石鼓》：刺史瑚琏器……置之昆仑丘。

④石虎：农丈人《夜泊姚江》诗：遥光忽瞑灭，归翮亚相旅。轻帆信雨飞，坐久失烦暑。山椒杂野磷，夜深照石虎。

⑤大岚山：曾子《白素庵集》：子以使事航海，出庆元洋，掠余姚县境，上者四，西望缥缈，如轻云插入天末，舟师指以告余曰：“此大兰山也。”

⑥谢康乐《山居赋》注：三菁太平山之北，权德舆诗：越郡佳山水，菁江接上虞。

⑦风山：以像风字而得名，见唐书《地理志》。袁宏道诗舟方革履小风山。戴帽则雨，姚谚语也。

项目三 竹枝词里识乡贤

活动文本

姚江棹歌 严子陵

（清）邵晋涵

高士遗墟剩讲台，
潜虬千尺[①]拂云隈。
长江清似桐庐水，
只少参军晞发来。

（严子陵像）

姚江棹歌 王阳明

（清）邵晋涵

楼头云影[②]拂青霄，
曾听仙人度玉箫。
江上至今波五色，
空明疑建赤城标。

（王阳明像）

【注释】

①千尺：唐愚士严子陵墓诗：中有高空云，日夕相与旋。化为千尺虬，下饮清冷渊。

②楼头云影：瑞云楼阳明先生降祥处也，见《少室山房集》。

活动目标

通过醉乡音(听)、理竹枝(析)、讲摊头(寻)、拟新篇(写)、秀阿拉(评)等活动环节,了解竹枝词中余姚人物,以及相关故事。

其次,尝试创作描写余姚新人物的新竹枝词和人物小故事、人物年谱等。

活动任务:方言读——赏词篇——识农事——写农村——秀乡土。

活动说明

主题:识竹枝词里乡人,习乡里名人遗风。

方式:综合活动。

用时:2课时。

活动流程

活动准备

教师:

1. 教师收集涉及余姚名人的竹枝词,并印发给学生。

2. 方言朗诵三首竹枝词,并录音。

学生:

1. 学生详细了解诗词当中的余姚名人。

2. 学生自习教师发放的竹枝词,并尝试用方言朗诵。

活动开展

1. 醉乡音 · 诵乡贤

(1)姚剧大家听。(教师可截取姚剧《王阳明》、《严子陵》精彩片段,让学生在醉美乡音中再次认识四大乡贤中的两者,并为接下去的朗诵做好准备。)

(2)方言朗诵赛。(可组织学生用方言朗诵竹枝词;并用方言点评各个小组朗诵,从方言字音、节奏、情感等角度考量,并选出“最土”朗诵者一名。)

(3)听方言朗诵。(教师可亲自用余姚方言朗诵竹枝词,朗诵完之后,给学生一定时间用方言自由朗读。)

参考评价标准:

评分要素	分值	组别			
		A组	B组	C组	D组
方言标准 吐字清晰	10分				
声音洪亮 节奏适当 韵律明显	10分				
情绪饱满 富有表现	10分				
朗诵形式 有个性有创意	10分				

2. 理竹枝 · 识乡贤

（1）认乡贤。（组织学生读含有余姚乡贤的竹枝词，并让他们在最短的时间内找到词中所写人物。）

（2）叙乡贤。（教师可组织一次小小乡贤故事会，用简短故事的形式介绍乡贤的事迹。）

（3）议竹枝。（教师可引导学生从句式、字数、用韵、节奏等方面重温形式特点，从材料选择角度议议内容特点，还可与诗、词对比进行明确）。

（4）选佳句。（可组织学生结合故事、竹枝词的创作手法、表达效果以及思想情感等，评选描写乡贤最精准的句子。）

3. 讲摊头 · 寻乡贤

（1）寻找乡贤。（教师可以模拟时下很流行的“感动”系列，引导学生寻找余姚或者学生身边感动余姚的人，或者是著名的祖籍余姚的人。）

（2）感动余姚。（学生可在课堂内自由陈述自己找到的乡贤事迹，并评说其特点以及价值点。）

4. 拟新篇 · 传乡贤

（1）写新词。（学生可结合讨论中自己最熟悉、最感动的余姚新名人，撰写竹枝词一首。）

（2）编故事。（学生可结合新名人最有魅力的事件，编写故事，或完成故事大纲。）

5. 秀阿拉 · 赞乡贤

(1)名人故事会。(学生可结合创作的竹枝词,当堂讲述形成腹稿后的故事。)

(2)余姚新乡贤。(教师可将学生故事中的人物罗列,让学生投票,选出余姚新乡贤,并组织部分学生编写颁奖词。)

参考评价标准:

评分要素	分值	组别			
		A组	B组	C组	D组
形式(字数、对仗、押韵等)	10分				
内容(表现山水美、展示爱乡之情)	10分				
创新度	10分				
表现力	10分				

课外拓展

1. 收集课外完成的余姚名人传记、竹枝词。

2. 选择自己感兴趣的人物,写成传记、编写年谱、创作小故事,以班级为单位结册。

他山之石

1. 关于竹枝词的知识

百度百科 http://baike.baidu.com/view/143071.htm

2. 余姚同类竹枝词例选

姚江棹歌 六首

（清）邵晋涵

雁 岭

遥看雁岭[①]翠成堆，明月流中鼓棹回。
只道征鸿从北至，那知飞自日南来。

谷雨茶

采茶歌声出层峦，谷雨初晴瀑布寒。
一自舟邱传种后[②]，翠涛真胜小龙团。

虞家残堞

倭豆花开三月三，一犁春雨蕙江南。
虞家残堞[③]孙郎浦，只见波光映石龛。

四明采药

四明采药白云深，别后空劳远梦寻。
荷叶本来无藕蒂，怜夫那得有莲心[④]。

春社

山中女儿歌采春，偶因春社礼明神。
花裙蛮髻休相笑，恐有当年搏虎人[⑤]。

（虞世南 画像）

虞世南

鲭鱼新试解酲汤，
曾说调羹献尚方⑥。
自有白于泉水酒，
食经底用问虞郎。

【注释】

①雁岭：虞国双雁事，见《后汉书注》。

②一自舟邱传种后：虞洪过丹邱子倍得佳茗事，见《神异记》。

③虞家残堞：江以南有虞家古城，孙浪浦，见《宋元逸集》。

④怜夫那得有莲心：越中山水可游记，四明姚巷有孙子秀，别业共莲池久圩时，抽荷叶数茎而未尝有藕。

⑤搏虎人：姚孝女击虎事，见《明史》。

⑥曾说调羹献尚方：虞悰献鲭鱼醒酒方，见《南史》。

项目四 竹枝词里知农事

活动文本

剡湖竹枝词 插秧

（清）陆达履

一犁两足畈西东，
霁色新吹杨柳风。
争约明朝插秧去，
篱花开到种田红①。

（插秧图景）

莲桥竹枝词 养蚕

杨柳江边大麦黄，
燕子楼上养蚕忙。
采桑阿妇朝朝出，
露湿裙腰手执筐。

（养蚕）

【注释】

①种田红：花类蔷薇，开当插秧时，故名。

活动目标

通过讲摊头(寻)、醉乡音(听)、理竹枝(析)、拟新篇(写)、秀阿拉(评)等活动环节,了解竹枝词中余姚农人"春耕夏耘秋收冬藏"以及词中相关情感,以及现在的农事、农村和生活。

其次,掌握朴实叙述的技巧,尝试创作描写余姚新农村的新竹枝词,创作具有积聚余姚韵味的乡土散文。

活动任务:方言读——赏词篇——识农事——写农村——秀乡土。

活动说明

主题:学竹枝词里农事,赞姚江两岸田野。

方式:综合学习。

用时:2 课时。

活动流程

活动准备:

教师:

1. 教师收集描写余姚农事的竹枝词,并印发给学生。
2. 上网搜录一些关于余姚农业生产的视频、图画。
3. 方言朗诵三首竹枝词,并录音。

学生:

1. 学生详细了解余姚一种农业生产过程。
2. 学生自习教师发放的竹枝词,并尝试用方言朗诵。

活动开展:

1. 讲摊头 · 乡村记忆

(1)回忆农事。(教师可组织来自农村的学生,向班级同学详细回忆自己接触过的最难忘的一件农事。)

(2)城村面对面。(教师可组织城里的学生向农村的学生提问,涉及农村生活、农业生产等,来自农村同学进行逐一介绍。)

2. 醉乡音 · 民歌村谣

(1)方言朗诵赛。(教师可以用方言自由朗诵,且故意读错一些字和词。)

（2）方言评朗诵。（教师可组织学生评价教师方言朗诵，从方言字音、节奏、情感等角度考量，逐一作出纠正。）

（3）听方言朗诵。（教师可播放事先准备的老余姚人朗诵的竹枝词，听完之后，给学生一定时间用方言自由朗读。）

参考评价标准：

评分要素	分值	组别			
		A组	B组	C组	D组
方言标准 吐字清晰	10分				
声音洪亮 节奏适当 韵律明显	10分				
情绪饱满 富有表现	10分				
朗诵形式 有个性有创意	10分				

3. 理竹枝 · 春耕秋收

（1）田园印象。（教师可组织同学们细读竹枝词，要求城里的同学用现代文描写词中的农村景象。）

（2）议议竹枝特点。（教师可引导学生从句式、字数、用韵、节奏等方面重温形式特点，从材料选择角度议议内容特点，还可与诗、词对比进行明确。）

（3）田间情怀。（建议教师组织来自农村的学生小组讨论，结合竹枝词的创作手法、表达方式，揣摩作者情感，对城里同学的描写作出一个中肯的点评。）

4. 拟新篇 · 村子乱弹

（1）写新词。（教师可要求学生结合自己的亲身经历或者联想，自由创作涉及余姚农事的竹枝词一首。）

（2）抒情怀。（教师可组织学生就自己的乡村经历，创作一段散文，描写自己心中的乡土情怀。）

5. 秀阿拉 · 农村欢颜

（1）余姚农村诗会。（可组织学生按照自己最擅长的方式展示自己的诗作。）

（2）余姚农博会。（可组织学生结合自己的乡土散文，向班级推荐所在乡镇农作物一样，宜居点一个。）

参考评价标准：

评分要素	分值	组别			
		A组	B组	C组	D组
形式(字数、对仗、押韵平仄等)	10分				
内容(表现山水美、展示爱乡之情)	10分				
创新度	10分				
表现力	10分				

课外拓展

1. 记录父辈从事过最难忘的农事。

2. 用视频、图片就最美乡村、新农村风情面貌等结合散文短片，上传网络，向外宣传。

他山之石

1. 关于竹枝词的知识

百度百科 http://baike.baidu.com/view/143071.htm

2 余姚同类竹枝词例选

销寒竹枝词

(清)朱文治

挖　笋

何处禅将玉版参，趁他雪意未曾酣。
猫头欲露泥先裂，雅嘴锄开笋出潭[①]。

剡湖竹枝词 三首

（清）陆达履

种 田

今岁溪流分外长，山农不苦种田忙。
三霉三伏[2]登时过，眼见秋云割陇黄。

种 麻

隙地零星惯种麻，一年三刈[3]节无差。
沤来丝好青兼白，长夏村无不织家。

焙 茶

燃来土炊火星星，做就头青[4]又二青。
茶品旧曾传陆羽，剡中别有焙茶经。

泗门竹枝词 四首

打 稻

村南村北稼云堆，打稻声声野外催。
怪底盘飧添几色，田家新雇客人[5]来。

捉 花[6]

滚滚晓露捉花忙，卓午担头已满筐。
毕竟人心难知足，丰年也说是平常。

忧 旱

河水干枯稻叶黄，橰梅声断倚骄阳。
农家忧旱无长策，聚群议开后郭[7]塘。

腌 菜

白菜经霜味若何，阶前暴晒影婆娑。
朝来谁向缸中踏，笑说檀郎足汗[8]多

（踏腌菜）

【注释】

①笋出潭：冬笋俗称潭笋。

②三霉三伏：三霉三伏等得稻熟，吾乡谚语。

③一年三刈：居民沤麻有“头苎不过五月五；二苎不过七月七，三苎不过九月九”之谚。夏日妇功多以绩为业。

④头青：乡人焙茶以初炒为做头青，焙干为做二青。

⑤客人：农村打稻时节常雇短工，称打稻客人。

⑥捉花：收摘棉花。

⑦后郭：后郭在曹娥江边。

⑧足汗：俗以足汗多者踏菜为佳。

项目五 竹枝词里品美食

活动文本

销寒竹枝词 年糕

（清）朱文治

晚稻红须又白须①，
炊来饭滑味清腴。
年糕同是沙田米，
谁道余姚逊上虞。

（年糕）

牟湖四珍竹枝词 夏果杨梅

兰风魏氏宗谱

莫说杨家果自栽，
四时鲜品独占魁，
担头红紫街头卖，
引得儿童笑口开。

（杨梅）

【注释】

①红须、白须：红白须粳皆早稻中并种而后熟者。细粒粳，晚种晚熟，宜种沿山田，可做年糕。俗以上虞年糕为最。

活动目标

通过醉乡音(听)、赏竹枝(析)、讲摊头(寻)、赞美食(说)、唱新篇(写)等活动,了解余姚竹枝词的特点,品味乡土风味美食的特色;并进一步深入挖掘美食中的余姚乡土文化,以吸收乡土文化丰富的营养,激发他们的爱乡之情。

活动任务:醉乡音——赏词篇——寻美食——赞佳肴——唱新篇。

活动说明

主题:诵竹枝词,品姚城美食。

方式:综合实践活动。

用时:2 课时。

活动流程

活动准备

教师:建议邀请余姚本地老人用地道的方言诵读相关的竹枝词并录音。

学生:建议咨询前辈,了解余姚传统美食种类、做法讲究和历史渊源,并以文字记载、照片拍摄或影像记录的方式整理留存。

活动开展

1.醉乡音(听一听,诵一诵)

(1)读今声。(建议各组派一位代表用标准普通话诵读教师制定的竹枝词篇目。)

(2)诵古韵。(建议教师多媒体播放余姚本地老人用地道方言诵读的竹枝词,引导学生全身心投入课堂,仔细倾听,主动探知课堂主题。而后,集体方言朗诵。)

(3)古今比。(可以让学生谈谈哪种读法更能表现出余姚竹枝词的韵味,传达余姚美食的特色,说说理由。)

参考朗诵标准:

评分要素	分值	组别			
		A组	B组	C组	D组
方言标准 吐字清晰	10分				
声音洪亮 节奏适当 韵律明显	10分				
情绪饱满 富有表现	10分				
朗诵形式 有个性有创意	10分				

2.赏词篇(品一品,谈一谈)

(1)明词义。(建议教师引导学生逐句地理解竹枝词中所传达的字面内容,让学生自己寻找词中为哪种余姚美食,谈谈这样写的好处。)

(2)谈美味。(可以分组活动。各组派代表介绍该竹枝词中所谈及的余姚美食的相关的具体地区、特点、作用等。之后通过各组讨论,进一步了解余姚沿海平原与南部山区饮食的区别。)

(3)品词味。(可以从词的字数、押韵、修辞等角度品味余姚竹枝词的形式特点,并试着寻找与该词相仿的古词句。)

3.寻美食(寻一寻,理一理)

(1)布置任务:学生课后通过询问家长、咨询前辈老人或查阅资料等方式,了解余姚传统美食种类、做法讲究和历史渊源。并以文字记载、照片拍摄、影像记录的方式整理留存。

(2)展示成果:各组分别展示各自的寻访所得,补充课堂上未能涉及的更多的余姚美食种类,讲一讲流传的美食传说。

4.赞佳肴(仿一仿,试一试)

(1)闻美食之香。(建议每一组学生展示一种家乡美食的实物,简单介绍其特点。)

(2)竹枝词之韵。(可以仿竹枝词的格调,围绕美食,尝试仿写一首竹枝词。)

(3)传家乡之美。(展示各组的原创词句,体现家乡之美。各组打分,评最佳。)

参考评价标准：

评分要素	分值	组别			
		A组	B组	C组	D组
形式(字数、对仗、押韵等)	10分				
内容(表现美食内容、体现家乡之美)	10分				
创新度	10分				
表现力	10分				

5. 唱新篇(编一编，唱一唱)

《竹枝词》有民歌色彩，可用来歌唱。鼓励学生适当改编余姚竹枝词，或者原创词句，通过吟唱的方式来表达家乡之美。

课外拓展

1. 通过各种途径搜集有关余姚美食的竹枝词诗句，或者历史传说故事。

2. 建议学生自主组织一次“余姚小词人”活动，将学生原创的吟咏余姚美食的《竹枝词》汇编成册，并诵读录音，资料刻成光盘保留。

他山之石

1. 关于竹枝词的知识

百度百科 http://baike.baidu.com/view/143071.htm

2. 其他有关余姚美食的竹枝词

剡湖竹枝词

(清)陆达履

酿 酒[①]

料量水米两相平，入甕包成竹叶清。
饮向春初美无比，剡溪合署酒泉名。

浒山竹枝词

沈 葑

河 蟹

澄澈秋江蟹蔛多，持螯风景乐如何。
莫嫌海角无滋味，箬鳎梅鱼满案罗。

长堤藕荡

高筑湖塘养碧荷，冰肌玉骨暗藏窠，
丝丝何许佳人雪，七窍玲珑遍地多。

冬日鲫鱼

东南佳味出新湖，一入三冬美鲫腴。
再作莼羹调玉鼎，教他鲈脍复何殊。

雪天野凫

雪满山头水满湖，群飞侣浴见晨凫。
网来若作和羹味，调入盐梅佐酒无。

泗门竹枝词 三首

谢翘等

苋 菜

秋老园蔬苋菜枯，绿茎寸断白盐铺。
异香一种酸咸味，厌食膏粱味自殊。

芥　菜

芥菜家家晒满帘，门前更买半担盐。
为郎客处思乡味，分作泥头数甏腌。

小海鲜

（清）谢元寿

芥菜加盐入瓮俎，白虾黄甲味何如。
小鲜娇嫩夸双绝，第一梅鱼次鲜鱼。

（梅鱼）

【注释】

①包浆酒：村人以糯米饭酿成，浆连糟和溪水入甕密包之，熟后味极清辣，色微绿，亦名竹叶清。

模块四 品读余姚诗词 领略乡土风物

【活动目的】

余姚历史悠久，山川灵秀，文化灿烂，涌现了许许多多彪炳史册的历史文化名人。余姚籍的古今诗人，用他们的墨迹，给我们展开了一幅幅美丽画卷。本模块重点是通过开展丰富多彩的语文综合实践活动，让师生搜集、吟诵余姚文人创作或抒写余姚的诗文，通过吟诵家乡的物产、美景，名胜，进一步了解家乡的历史文化、风土人情，增强学生对家乡的亲近感和自豪感；并鼓励学生进行诗歌仿写或创作，描绘自己的家乡，抒发对家乡的热爱之情。

【模块内容】

项目一　一方地域一方景
项目二　一方水土一方物
项目三　一方山水一方情
项目四　一方名家一方传
项目五　一方古迹一方史

项目一　一方地域一方景

活动文本

泊姚江[①]

（宋）王安石[②]

山如碧浪翻江去，水似青天照眼明。
唤取仙人来住此，莫教辛苦上层城[③]。

——选自《余姚历代风物诗选》

【注释】

①姚江：即余姚江，源出上虞通明堰，又称舜江，通济桥西产蕙亦称蕙江，东流经宁波市于三江口与奉化江汇流入海。

②王安石：(1021－1086)，字介甫，抚州临川人。宋仁宗庆历二年(1042)中进士后，曾任过地方官。他是北宋时期的政治家、思想家、文学家，有《临川集》。

③层城：指高山之巅。

活动目标

通过走访余姚的一些城镇村落，或观赏反映余姚面貌的视频，对余姚有更全面、更深入的认识。结合相关诗歌的学习，能灵活运用相关诗文，创作一两句诗文，表达自己对余姚这片土地的热爱。

活动任务：走（看）——诵（品）——感（发）——写（抒）。

活动说明

主题：看家乡，诵诗文，发感触，写爱意。

方式：语文综合实践活动。

用时：1～2课时。

活动流程

活动准备

教师：可以搜集一些关于余姚特色城镇的文字、图片介绍或视频资料。

学生：利用双休日期间去走访家乡的一些城镇村落，拍摄一些影像，向老人咨询一些历史信息。

活动开展

1. 秀一秀家乡美

（1）分小组展示课前搜集、准备的材料。可以展示影像、图片，也可以分享所听到的一些故事。

（2）各组结合小组互评、教师评价，作好评价。

2. 品一品家乡诗词

（1）读文本。（要求学生熟读成诵。）

（2）品诗文。（了解诗歌抓住了什么特点写景，体会作者表达的思想感情。）

（3）说妙处。（通过小组探讨，归纳诗歌在写作上的妙处，为仿写作准备。）

（4）评表现。（根据组内成员对诗歌解读的程度和发言情况，作好评价。）

3. 交流心中的家乡

（1）结合课前准备材料，组内探讨，选择家乡的一个地方，找特色。可以是家乡的景、家乡的物、家乡的人或家乡的情等。

（2）班级交流，小组互评，建议补充。

4.书写美好的家乡

(1)仿一仿。小组合作,借鉴所学文本写作手法,仿写两句或一首诗歌。

(2)展一展。小组派代表上台,展示本组仿写或创作的诗歌,介绍自己组所写的地方,抓住了这个地方的哪些特色,并运用了哪些写作手法。

(3)评一评。小组互评,教师点评。

(4)改一改。根据点评意见,各组作好修改。

(5)评出最佳诗句。

(6)根据整堂课的表现,评出最佳表现小组。

光辉时刻:

课前准备	课堂表现	我的收获	综合评价
☆☆☆☆☆	☆☆☆☆☆	☆☆☆☆☆	☆☆☆☆☆

(提示:根据自己的表现,用彩色笔涂上自己所能获得的五角星。)

课外拓展

1.拓展阅读:

四明山

(明)张　瓒

七十峰峦起碧空,巍然石顶四窗通。
光分日月玲珑处,气吐烟云远近中。
西控稽山低莽苍,东临蓬海接鸿濛。
自从刘阮游仙后,溪上桃花几度红。

2.来自余姚各个不同街道乡镇的同学,分组搜集描写自己家乡的诗句,抓住自己家乡的特色,仿写或创作一两句诗歌,展示自己家乡的旧貌新颜。

他山之石

1. 关于诗歌：

http://baike.baidu.com/subview/656/5245651.htm?fr=aladdin

2. 余姚市，为浙江省宁波市代管县级市，地处长江三角洲南翼，杭州湾南岸，是中华民族的发祥地之一。余姚是浙江省历史文化名城，素有"东南名邑"和"文献名邦"之称。

余姚市辖6个街道、14个镇、1个乡，总人口约135.5万，市人民政府驻兰江街道北兰江路1号。

主要景点：通济桥，舜江楼，河姆渡遗址，四明山，天下玉苑，丹山赤水。

余姚得名，说法不一。一说，《风土记》载，舜文庶所封之地，舜姓姚，故曰余姚（"舜后支庶所封之地，舜姓姚，故云余姚"）。另一说，《越绝书》载，夏少康封少于无余于会稽，以奉禹记，姚乃其届邑，故曰余姚。《山海经》郭璞注，句余山在会稽余姚县南，句章县北，故此二县因此为名云，此为第三种说法。还有一说，"邑有句余山，又南有姚江"，故名。再有一说，明代《郡县释名》说，县隶会稽，在余姚山之西，以河东有姚姓，故曰余姚。

项目二 一方水土一方物

活动文本

秘色瓷①

（唐）陆龟蒙②

九秋风露越窑开，
夺得千峰翠色来。
好向中宵盛沆瀣③，
共嵇④中散斗遗杯⑤。

——选自《余姚历代风物诗选》

【注释】

①秘色瓷：汉族传统制瓷工艺越窑青瓷中的精品，中国古代越州名窑（今浙江一带）进贡朝廷的一种特制瓷器，简称“秘瓷”。“秘色”一词最早出自晚唐诗人陆龟蒙诗篇《秘色越器》。

②陆龟蒙：（？—881），唐代农学家、文学家，字鲁望，号天随子、江湖散人、甫里先生，江苏吴县人。编著有《甫里先生文集》等。他的小品文主要收在《笠泽丛书》中。

③沆瀣[hàng xiè]：夜间的水汽，露水。比喻气味相投的人联结在一起，现常表示臭味相投的人勾结在一起，含贬义。

④嵇[jī]：可作为姓氏，也是中国山名。

⑤遗杯：残酒。

活动目标

通过说、读、夸、写等活动，明确余姚咏物诗朗朗上口、亲切自然的特点，能有节奏诵读文章，在老师的指导下，能对文本有自己的独特理解。最后，能依照文本的形式，仿写一些反映余姚特产的简单诗歌，抒发对家乡的感情，提升自己的语文素养。

活动任务：说——读——夸——写。

活动说明

主题：仿照所学诗歌的形式描写家乡其他特产。

方式：语文综合实践活动。

用时：1～2 课时。

活动流程

活动准备

教师：归纳整理余姚特产种类及其特点；归纳物产诗的特点。

学生：分五到六个活动小组，拍摄有关余姚特产影像，或搜集有关余姚特产的信息，比如趣闻，制作简单的 PPT。

活动开展

1. 家乡特产我来说

(1)各小组展示 PPT，介绍一种余姚特产。

(2)小组互评，教师点评，各小组作好评价。

2. 家乡特产诗歌我来读

(1)给文本。(通过范读、自读、赛读等形式，让学生熟读成诵。)

(2)品诗词。(通过反复诵读，品味诗歌抓住了特产的哪些特点来抒写，体会作者表达的思想感情。)

(3)说妙处。(小组探讨，围绕诗的内容、语言特色、写作手法、音韵特点等，说说诗歌的妙处，为仿写作准备。)

(4)评表现。(根据组内成员对诗歌解读的程度和发言情况，作好评价。)

3. 家乡特产我来夸

(1)以小组为单位，选择本小组最喜欢的一种家乡特产。

(2)派代表来夸一夸本小组所选择的家乡特产，可以从色、香、味、形、制作等方面来夸，夸的形式可以用说、唱、画等。

(3)评出哪个小组夸的最好。

4.家乡特产我来写

(1)仿一仿。小组合作,借鉴所学文本写作手法,仿写两句或一首诗歌。

(2)展一展。小组派代表上台,展示自己组创作的诗歌,介绍自己组所写的特产,抓住了特产的哪些特色,并运用了哪些写作手法。

(3)评一评。小组互评,教师点评。

(4)改一改。根据点评意见,各组作好修改。

(5)评出最佳诗句。

(6)根据整堂课的表现,评出最佳表现小组。

光辉时刻:

课前准备	课堂表现	我的收获	综合评价
☆☆☆☆☆	☆☆☆☆☆	☆☆☆☆☆	☆☆☆☆☆

(提示:根据自己的表现,用彩色笔涂上自己所能获得的五角星。)

课外拓展

1.拓展阅读:

尝鲜杨梅

(明) 孙 陞

万壑杨梅绚紫霞,烛湖佳品更堪夸。
自从名系金闺籍,每岁尝时不在家。

2.来自余姚各个不同街道乡镇的同学,分组选取自己家乡的特产名品,抓住自己家乡特产的特色,仿写或创作一两句有诗意的广告词。

他山之石

1. 关于诗歌欣赏方法

http://wenku.baidu.com/，查找“诗歌欣赏方法”。

2. 相关知识链接

余姚杨梅冠天下，浙江余姚是中央农业部命名的全国杨梅之乡，种植杨梅历史悠久，据境内河姆渡遗址考证，早在7000年前就已有杨梅原种存在，人工栽培历史亦有2000余年。现有栽培面积5400公顷，目前年产量1.3万吨左右，今后随着幼龄树增长，产量将逐年增加。杨梅已销往北京、上海、广东、东北等地，部分产品已进入香港和国际市场。

全市杨梅重点分布在姚江流域两岸低山缓坡地带，基本形成了以姚东三七市镇、丈亭镇、河姆渡镇、余姚镇为主的荸荠种主产区，以姚西马渚镇、牟山镇为主的粉红种（西山白杨梅）主产区的生产格局。

“瀑布仙茗”是中国第一个有正式品牌名号的古名茶。这并非空穴来风，它的前世今生有着五彩光环。

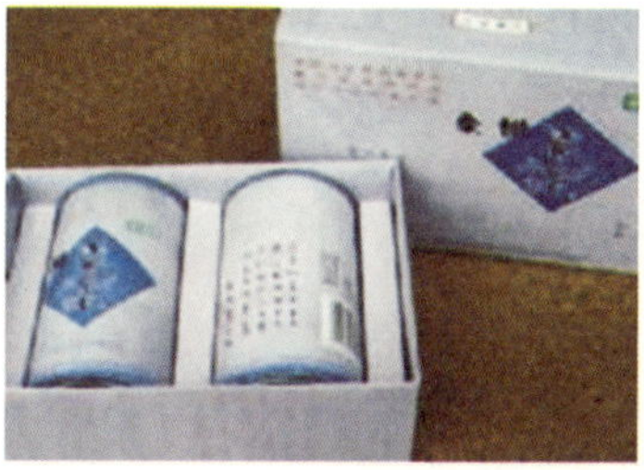

“瀑布仙茗”由河姆渡文化中的原始茶演绎而来。新石器时代的河姆渡遗址，是我国目前已发现的最早的新石器时期文化遗址之一。它地处姚江岸边的四明山麓，与“瀑布仙茗”的原产地——余姚相连，同属四明山脉。如今河姆渡遗址博物馆内陈列的樟科植物遗存，经专家鉴定为原始茶。而从同属河姆渡文化的田螺山遗址里挖掘出六千年前的古茶树根，经专家检测为山茶科中的山茶属植物，属下的植物组中有可能是茶树种，此后经中国农科院有关部门检测，其所含的茶氨酸为茶树所独有。这一切都在表明六千年前余姚已有茶的元素。“瀑布仙茗”自它诞生那天起，就沐浴在河姆渡原始文明的氛围中。

余姚茭白，历史悠久，据河姆渡遗址考证，早在七千年前已有野生茭白生长，在姚东低洼地区历来有种植茭白的习惯。河姆渡茭白历经多年选育，具有出苗早、孕茭早、个体大、肉质嫩、品质优、产量高的特点，1998年被浙江省农作物品种审定委员会认定为“河姆渡双季茭白”，并获省农博会银质奖，注册为“古址”牌商标。

余姚榨菜，浙江省余姚市特产。余姚市是我国著名的榨菜生产加工基地，是全国最大的榨菜生产加工基地，是农业部命名的“全国榨菜之乡”。榨菜是余姚市农业十大主导产业中产业化程度最高的一个产业，全市截至2009年有榨菜基地面积8000公顷，年产鲜榨菜头50万吨以上，加工产值12亿元，全国市场占有率达到60%，并出口10余个国家和地区。余姚榨菜菜色微黄，具有质地嫩、脆的特点。

种植地主要集中于姚北濒杭州湾的泗门、临山、小曹娥、黄家埠等乡镇。

种植情况：余姚榨菜种植连片集中，加工初具规模，市场覆盖全国。种植面积超过6700公顷，菜农超过10万人。余姚市有榨菜加工企业120余家，年加工产值达到10亿元。营销网络遍布全国，产品远销海外。

项目三　一方山水一方情

活动文本

忆龙泉山

（明）王阳明[①]

我爱龙泉寺，寺僧颇疏野[②]。
尽日坐井栏，有时卧松下。
一夕别山云，三年走车马。
愧杀[③]岩下泉，朝夕自清泻。

——选自《余姚诗脉》

【注释】

①王阳明：原名王守仁，明成化八年（1472）生，著名哲学家、教育家、文学家、军事学家。号阳明山人。官至南京兵部尚书。封新建伯。卒谥文成，配享孔庙。

②疏野：放纵不拘。

③愧杀：形容词，表示惭愧。

活动目标

通过亲近大自然的一次集体活动，让学生在大自然的怀抱中，吟诵诗歌，体会诗歌中所描写景物寄寓的情感。激发学生在文本的启示下，对眼前的大自然也来一番情感的即兴抒发。通过这次活动，提高学生的感受能力和表达能力。

活动任务：游玩——放情——吟咏。

活动说明

主题：亲近大自然，抒发对家乡的情感。

方式：语文综合实践活动。

用时：1～2 课时。

活动流程

活动准备

教师：探寻校园周边可供游玩的地方，做好出游方案。

学生：搜集一些写山水的古诗或现代歌曲，最好能背或唱一二首。

活动开展

1. 开设新课堂：

(1)告知本节课的地点，激发学生的参与热情。

(2)明确注意事项，特别是安全。

2. 亲近大自然：

(1)有序来到目的地。

(2)分小组与大自然亲密接触。

3. 下发诗歌，在游玩中背诵诗歌。

3. 共享诗歌情：

(1)小组赛诵诗歌，可以选择不同的方式，集体读、配乐读、表演读等。

(2)小组赛品诗歌。(诗歌抓住了景物的什么特点来写，运用了哪些表现手法，表达了诗人什么样的情感。)

(3)教师点评，从节奏、情感、合作等方面评价。

4. 大话即兴意：

(1)小组探讨：在大自然中，说说自己的心情或感受。

(2)小组合作模仿创作:模仿所学诗歌,用诗的形式表达自己的心情和感受。

(3)成果展示:小组派代表展示自己组合作创作的诗句或借用几句贴切的诗歌、一首贴切的歌曲,表达此刻的心情或感受。

(4)评出最佳诗句。

(5)根据整堂课的表现,评出最佳表现小组。

光辉时刻:

课前准备	课堂表现	我的收获	综合评价
☆☆☆☆☆	☆☆☆☆☆	☆☆☆☆☆	☆☆☆☆☆

(提示:根据自己的表现,用彩色笔涂上自己所能获得的五角星。)

课外拓展

1. 拓展阅读:

四明湖

周伯棣

人工造此四明湖,气象恢宏两浙无。
山若珠联成拱璧,水如玉洁在琼壶。
百乡溉广民同乐,十丈渊深鱼尽驱。
最是今番留善政,蛟鲸未敢越龙都。

2. 走访、参观自己喜爱的一处家乡风景名胜,收集整理风景名胜的相关资料,恰当引用诗句,为家乡的风景名胜创作一段短小的导游词。

他山之石

1. 关于余姚风物特产

http://www.lavago.com/news/news_10249.html

2. 余姚著名风景名胜介绍

丹山赤水风景区 余姚市第一个风景名胜区，气候宜人，环境优美。景区所在的柿林村，四面环山，满坡翠竹林木，流泉叮咚，鸟语花香，不但山水秀丽，又原始古朴，山居原貌保持完好。

天下玉苑 位于具有2500多年历史的文化古镇大隐，这里是浙东第一个古人类聚居的城垒，是河姆渡文化的延续。天下玉苑被周边秀丽的山水环抱着，还散发着古文明的气息，有着丰厚的文化底蕴。景区以玉文化和佛文化为特色，是国内目前最大的玉文化主题公园。

四明山地质公园 宁波市首家省级地质公园，拥有华东地区面积最大、保存最完整的古夷平面，总面积61.7平方千米，共分为三大区块，即之前开放的河姆渡古人类文化园区和四窗岩—丹山赤水地质园区，及罗成山——仰天湖地质园区。

四明湖 位于四明山北部余姚市梁弄镇，距市区10余千米，景色秀丽，碧波荡漾，湖水湖山交相辉映，湖面面积近20平方千米。

四明湖汇集溪流、泉水、瀑布，容积约1.2亿立方米，灌溉着余姚西北2万公顷良田，湖中渔业资源十分丰富，吸引了大批飞禽。湖中有八字桥、野猫湾、丁山等，形成5个湖心岛，好似镶嵌在明镜中的翡翠，更增添了四明湖的魅力。

项目四　一方名家一方传

活动文本

蝉

（唐）虞世南①

垂緌饮清露，流响出疏桐②。
居高声自远，非是藉秋风。

——选自《余姚诗脉》

【注释】

①虞世南（558—638），字伯施，汉族，越州余姚（今浙江省慈溪市观海卫镇鸣鹤场）人。隋朝内史侍郎虞世基之弟。初唐著名书法家、文学家、诗人、政治家。凌烟阁二十四功臣之一。隋炀帝时官起居舍人，唐时历任秘书监、弘文馆学士等。贞观十二年

(638)卒,赠礼部尚书,谥号文懿,配葬昭陵。唐太宗称他德行、忠直、博学、文辞、书翰为五绝。善书法,与欧阳询、褚遂良、薛稷合称"初唐四大家"。日本学界称欧阳询、褚遂良、虞世南为"初唐三大家"。其所编的《北堂书钞》被誉为唐代四大类书之一,是中国现存最早的类书之一。原有诗文集30卷,但已散失不全。民国张寿镛辑成《虞秘监集》4卷,收入《四明丛书》。

②疏桐:梧桐树间因为疏落而落下的斑驳的影子。梧桐高于柳树,也大于柳树,其光照的影子刚好投在了柳树上所以说"高柳垂阴挂疏桐"。

活动目标

通过学习余姚名家的诗歌,进一步学习赏析诗歌。同时,通过诗歌,走进家乡名家,加深对名家的认识。激发学生对更多名家的探寻兴趣,为家乡有这些名家而骄傲,并能搜集、整理一些资料,选择一两个自己感兴趣的名家,为他写个小传。

活动任务:讲故事——读诗歌——学技艺——写小传。

活动说明

主题:我给名家写个传。

方式:语文实践综合活动。

用时:1～2课时。

活动流程

活动准备

教师:可以分小组,根据名家的实际情况,给各小组布置不同的任务,并做好跟踪和指导。

学生:根据老师的任务,搜寻相关的信息,并能对所搜寻到的信息做一些加工处理。

活动开展

1.讲名家故事

(1)各小组派代表上台讲一个家乡名家的故事。

(2)小组探讨,提炼本组所讲故事所反映出的名家精神。

(3)教师点评。

2.读名家诗歌

(1)给文本,诵诗歌。(可以通过教师范读、小组赛读,达到熟读成诵。)

(2)小组赛赏诗歌。(提示学生从音韵、内容、手法、思想情感等方面展开赏析。)

(3)教师点评,加深理解。

3. 学名家技艺

通过小组竞答的形式,回忆曾学过的咏物诗,进一步掌握咏物诗中托物言志的表现手法。

4. 写名家小传

(1)教师介绍小传的基本写法。

(2)小组选择要写的名家并罗列相关材料。

(3)分小组给所选择的对象写小传。

5. 成果展示

将小组写好的小传整理好,出一期《余姚名家小传》的班刊。

6. 总结

根据整堂课的表现,评出最佳表现小组。

光辉时刻:

课前准备	课堂表现	我的收获	综合评价
☆☆☆☆☆	☆☆☆☆☆	☆☆☆☆☆	☆☆☆☆☆

(提示:根据自己的表现,用彩色笔涂上自己所能获得的五角星。)

课外拓展

1. 走访村里的老人,收集一些余姚名家(如四先贤)的小故事。

2. 上网搜集一些余姚名家的诗歌或者文章,加深对家乡名家的认识。

3. 在四大先贤的基础上,评出余姚八大先贤。

他山之石

1. 关于余姚四先贤

http://www.yywh.gov.cn/art/2013/6/25/art_20450_1198601.html

2. 余姚历史名人选

虞喜（公元 281—356），字仲宁，会稽余姚（今浙江省宁波市余姚市）人，东晋天文学家，东吴经学大师虞翻的后人，东晋散骑常侍虞预的胞弟。宣夜说的继承和发展者。

孙燧（1460—1519），明代官员。字德成，号一川，浙江余姚人。弘治六年进士。历仕刑部主事、郎中、河南右布政使、右副都御史、巡抚江西。

谢迁（1449—1531），字于乔，号木斋，明代大臣，浙江余姚人。成化十一年（1475）状元，嘉靖朝一品大学士。是明朝余姚三个“阁老”中最著名的一个。逝世后，明世宗特赠太傅的官衔，谥号文正。

吕天成（1580—1618）名文，字天成，一字勤之，号棘津，别号郁蓝生，明余姚县城人，吕本曾孙。为诸生，兼工古文词。

黄尊素（1584—1626），字真长，号白安，城东黄竹浦人，明季东林党骨干人物，著名思想家黄宗羲的父亲。

叶宪祖（1566—1641），字美度，号桐柏，别号六桐，又号槲园外史、槲园居士，亦称紫金道人，浙江余姚县城人。生于明世宗嘉靖四十五年，卒于思宗崇祯十四年，年七十六岁。

孙嘉绩（1604—1646），字硕肤，天启年间阁老孙如游之孙。是明末清初著名的抗清志士。著有《五世传赞》、《存直录》等作。

熊汝霖（？—1648），字雨殷，姚北天华街（今朗霞街道天华）人，明末抗清志士。

王翊（1616—1651），字完勋，号笃庵，是明末清初著名的抗清将领，民族英雄。

邵晋涵（1743—1796），字与桐，号二云，又号南江，是著名的历史学家，浙东史学的殿军。

邵友濂（1840—1901），原名维诞，字小村，是清末著名的外交大臣，曾任台湾巡抚。

黄楚九(1872—1931),名承乾,字楚九,号磋玖,清同治十一年出生于余姚通德乡黄竹浦(今属梁辉镇)医药世家,为上海大世界的创始人。对近代医药业和娱乐业的发展作出过贡献。

杨贤江(1895—1931),余姚云和乡杨家村人。是我国著名的马克思主义理论教育家,一代青年的导师、坚定的共产主义战士。

蒋梦麟(1886—1964),原名梦然,后改梦麟,字兆贤、少贤,号孟邻,笔名唯心。1886 年 1 月 20 日诞生于余姚老蒋村。曾任北京大学校长、西南联合大学主要领导人、国民政府教育部长、行政院农村复兴委员会主任委员等职,是著名教育活动家。

宋汉章(1872—1968),早年就读于上海正中书院,毕业后进上海电报局工作。曾参与通电拥护康梁维新,为清廷所追索,一度逃亡,后改名汉章返沪。1935 年 3 月任中国银行总经理。1946 年任四联总处理事。宋还任至中银行董事长。(1933 年创办)、中一信托公司董事、农林部渔业银团常务理事,他虽身在政治中心,但在商言商,厌谈政治,确保了上海中国银行的独特地位,使其基础日益巩固。1948 年 4 月任中国银行董事长。1949 年赴港。新中国成立后,仍被推为新生的中国银行董事。1949 年 12 月辞职去巴西。1968 年在香港去世。

严景耀(1905—1976),1905 年 7 月 24 日出生于余姚低塘姆湖严家村。著名社会学家,中国犯罪学的开拓者。严景耀、雷洁琼夫妇俱为民主促进会的创始人。

项目五 一方古迹一方史

活动文本

舜江楼

（元）陶安[1]

与客闲片时，登楼爱奇观。
凭栏出树杪[2]，振衣在天半。
诸峰绕城邑，万室夹江岸。
鲸涛[3]息狂沸，龙泉入清玩。

——选自《余姚历代风物诗选》

【注释】

①陶安:(1315—1368),字主敬,当涂(今属安徽)人。少敏悟,博涉经史,尤长于《易》,对明朝建立之初的典章制度建设有重要贡献。

②杪[miǎo]:树枝的细梢。

③鲸涛:惊涛,巨浪。

活动目标

姚江绵延百里,流淌千年,孕育了灿烂辉煌的河姆渡文化、姚江文化、四明山革命文化。在余姚的大地上,有着许多名胜古迹。通过探寻这些名胜古迹,引领学生主动去了解家乡的历史,感受家乡的现在,展望家乡的未来。

活动任务:古迹探寻——诗实对照——历史浅谈——新篇呈现

活动说明

主题:探古迹,寻历史,展未来

方式:语文综合实践活动

用时:1~2课时

活动流程

活动准备

教师:可以利用课余时间带学生去参观一些余姚古迹,或布置学生参观任务,搜集一些关于余姚古迹的影像文字等资料。

学生:参观一些余姚古迹,阅读一些关于余姚历史的资料。

活动开展

1. 古迹探寻

(1)小组展示自己所走访古迹影像或文字资料。

(2)班级交流所展示古迹的认识。

(3)教师引申对余姚古迹的认识。

2. 诗实对照

(1)诵诗歌。(教师给文本,引领学生通过齐读、小组赛读等形式,对文本熟读成诵。)

(2)赏诗歌。(教师引领学生从音韵、内容、手法、思想情感等角度展开赏析。)

(3)寻异同。(各小组结合自己走访的古迹以及所得感受,谈谈自己的认识角度与诗人认识角度的异同,从而领悟诗歌的魅力。)

3. 古迹再谈

(1)各小组分别确立一处古迹,再谈认识。

(2)小组探讨写作角度、表现手法。

4. 新篇呈现

(1)仿一仿。小组合作,借鉴所学文本写作手法,仿写两句或一首诗歌。

(2)展一展。小组成员派代表上台,展示自己组创作的诗歌,介绍自己组所写的古迹,抓住了古迹的哪些特色,并运用了哪些表现手法。

(3)评一评。小组互评,教师点评。

(4)改一改。根据点评意见,各组作好修改。

(5)评出最佳诗句。

(6)根据整堂课的表现,评出最佳表现小组。

光辉时刻:

课前准备	课堂表现	我的收获	综合评价
☆☆☆☆☆	☆☆☆☆☆	☆☆☆☆☆	☆☆☆☆☆

(提示:根据自己的表现,用彩色笔涂上自己所能获得的五角星。)

课外拓展

1. 背诵一两首描写余姚名胜古迹的诗歌。

2. 分小组搜集整理一处余姚名胜古迹的相关资料,或拍摄照片,或拍摄录像,制作一个展示余姚名胜的短片。

他山之石

1. 关于余姚历史文化

http://trip.elong.com/yuyao/lishi/

2. 关于河姆渡

河姆渡遗址位于余姚市河姆渡村附近。南端为连绵逶迤的四明山麓，西南是浩荡东流的姚江，顺姚江向东近25千米即宁波市区，往西25千米是余姚市区。

河姆渡遗址曾先后两次进行过较大规模的发掘，发掘面积2800平方米，出土文物6200件，陶片几十万片。在1973年夏天试掘的基础上，1973年11月9日至1974年1月10日对遗址的南部进行了首次发掘，发现了四个叠压的地层，揭露了干栏式建筑和水井等遗迹，出土了很具地域特色的夹炭黑陶器、骨耜等一批重要遗物和大量的动植物遗存，特别是栽培稻谷的大批量发现为同时期其他遗址所不见。所有这些重大发现，当年曾轰动国内外，得到学术界的普遍关注，并被命名为“河姆渡文化”，得到了全国考古界的认同。

1977年10月8日至1978年1月28日，为进一步了解河姆渡遗址内涵及干栏式建筑的布局、结构、规模等方面的内容，进行了第二次发掘。此次发掘验证了第一次发掘划分的地层是正确的，发现了28个灰坑，以及干栏式建筑基址等遗迹和27座墓葬，出土了丰富的陶器、石、骨、角、牙器和木器等遗物，为进一步认识河姆渡遗址各时期文化面貌及其内在联系提供了一批新鲜资料。

河姆渡遗址是一处年代古老、保存较好、文化内涵丰富、延续时间长的新石器时代中期偏晚阶段的遗址。在20世纪70年代发现之初，曾轰动了国内外学术界，"河姆渡文化"名扬四海，各方专家学者纷沓而至。发现带榫卯的干栏式长房子，出土的大批珍贵遗物及动、植物遗存，对我国新石器时代考古研究，特别是长江流域新石器时代考古起了积极的推动作用，为多学科研究提供了丰富而又可靠的实物资料。考古实践表明，黄河、长江流域的原始先民共同缔造了中华民族光辉灿烂的远古文化。

河姆渡遗址，1982年被国务院公布为全国重点文物保护单位。

3. 浙东抗日根据地旧址

浙东抗日根据地旧址位于梁弄镇横坎头村。以四明山为中心的浙东革命根据地，是抗日战争时期全国十九个解放区之一，也是解放战争时期南方七个游击战争根据地之一。1942年7月，华中局和新四军根据党中央指示，确定进一步发展浙东敌后地区的方针，在慈溪宓家埭成立中共浙东地区委员会，统一领导浙东地区和浦东的党政军工作。同年10月，区党委进入姚南，1943年8月进驻梁弄镇。未几，迁今址办公，梁弄镇遂成为当时浙东抗日根据地的指挥中心。1945年7月，区党委迁上虞县丰惠镇。10月奉命北撤。

旧址为清代木结构民居。南厢楼向东为正楼七间，正楼向西为北厢楼，正楼厢楼三间均有檐廊相通。正楼为重檐硬山顶楼房，穿斗式梁架结构，正楼通面阔28.35米，用十檩、七柱，通进深11.60米。明间面阔4.45米，次间面阔4米，边间面阔3.95米。南北厢楼通面阔均为7.40米，各分两间，面阔为3.70米，通进深均为6.95米，穿斗式的梁架结构，用九檩、六柱。正楼前为庭院，地面用石板错缝平铺。庭院前为高大围墙。占地面积596平方米，1981年重修。

1992年正式定名为浙东革命根据地纪念馆，由公安部原部长王芳题写馆名，正门还竖有国防部原部长张爱萍将军题词的“中国共产党浙东区委员会旧址”的碑刻，是浙江省级文物保护单位和省级爱国主义教育基地。